Радостные вести

Комментарий на Послание апостола Павла к Галатам

Эллет Дж. Ваггонер

Точный перевод оригинала, изданного в 1900 году издательством «Пасифик пресс».

оригинальное название
«The Glad Tidings»

Издательство
«CFI Book Division»
P.O. Box 159, Gordonsville, Tennessee 38563

© 2021 CFI Book Division

Дизайн обложки и макет спроектированы «CFI Graphic Design»

Все права сохранены. Чтобы заказать книги оптом, задать вопросы или оставить комментарии, вы можете обращаться к нам «CFI Book Division» посредством нашего сайта: www.gospel-herald.com

В цитатах из Библии курсивом указаны слова, дословно переведённые из оригинала книги «Радостные вести» (Эллет Дж. Ваггонер часто пользовался «Пересмотренным переводом» (R.V.), изданным в 1885 году, наряду с традиционным переводом Короля Иакова – KJV), если они отличаются от Синодального перевода.

Издательство
«CFI Book Division»
P.O. Box 159, Gordonsville, Tennessee 38563

ISBN - 13: 978-1-7344387-5-8

Отпечатано в США
Шрифтом 11.5/13.8 Lava Pro

Примечание для читателей

Данный перевод книги «Радостные вести» Эллета Дж. Ваггонера представляет собой ответ на запросы многих искренних душ, желающих ознакомиться с оригиналом книги «Радостные вести», которая в определённой степени отличается от сокращённого издания этой книги, написанного пастором Робертом Дж. Виландом, переведённого ранее на русский язык и опубликованного под названием «Радостные вести».

В этой книге, вы, дорогой читатель, найдёте послание, являющееся проявлением силы, содержащейся в библейском учении о Христе и Его праведности. Именно посредством этого послания Бог желает не только спасти нас от проклятия греха, но и подготовить нас к переселению на небо при втором пришествии Иисуса Христа.

Содержание

Глава 1. Откровение Иисуса Христа.
         Подлинное евангелие. 13

Глава 2. Жизнь верой Христовой. Истина евангелия 51

Глава 3. Искупленные от проклятия для получения
         благословения Авраама 85

Глава 4. Усыновление 137

Глава 5. Власть Духа над плотью 166

Глава 6. Слава креста. 195

Предисловие

Послание Галатам, вместе со своим спутником – Посланием к Римлянам, при содействии Духа вдохновило развитие реформации 16-го столетия, ключевой фразой которого были слова: «Праведный верою жить будет». Реформация, начатая в те дни, ещё не закончена, и эта же фраза сегодня так же актуальна, как и в то время. Если народ Божий напитается истиной, так живо представленной в данном послании, то и церковь, и мир будут также глубоко взволнованы, как это произошло во дни Лютера. Пусть скорей настанет это время, и приблизится день «восстановления всего!»

Радостные вести

При написании трудов о какой-либо книге Библии довольно часто принято уделять некоторое время на вступление, в котором описывается исследуемая книга – её характер, обстоятельства, при которых она была написана, возможные цели автора и многие другие особенности, отчасти предположительные, отчасти взятые из самой книги. Всю эту информацию читатель должен принимать на веру, полагаясь на авторитет человека, написавшего этот труд, поскольку, не читая эту книгу самостоятельно, он не может выносить о ней собственных суждений. Лучше всего пригласить такого человека к изучению самой книги, и тогда он, если будет достаточно прилежным и настойчивым, вскоре сам узнает обо всём, что эта книга говорит о себе самой. Мы узнаём человека лучше, когда сами общаемся с ним, чем когда слышим о нём от другого человека. Поэтому мы сразу же приступим к изучению Послания к Галатам, чтобы позволить этой книге говорить самой за себя.

Ничто не может быть достойной заменой самого Священного Писания. Если бы все изучали Библию так молитвенно и так добросовестно как это должно делать, уделяя пристальное внимание каждому слову и принимая каждое слово как приходящее прямо от Бога, не было бы никакой нужды в какой-либо другой религиозной книге. Всё написанное должно быть посвящено цели всё сильнее и сильнее привлекать внимание людей к словам самого Писания; всё, что предполагает замену библейской вести человеческим мнением, успокаивая людей и охлаждая их стремление изучать саму Библию глубже и глубже, более, чем бесполезно. Следовательно, вы, дорогой читатель, самым торжественным образом призваны изучать прежде всего библейский текст, изучать его внимательно и старательно, чтобы каждая ссылка на этот текст была ссылкой на знакомые вам слова и контекст. Дай Бог, чтобы это небольшое пособие по изучению Его Слова сделало каждого читателя более сведущим во всём Священном Писании, которое только и может умудрить его ко спасению.

Глава 1

*Откровение Иисуса Христа.
Подлинное евангелие*

ПАВЕЛ апостол, избранный не человеками и не через человека, но Иисусом Христом и Богом Отцом, воскресившим Его из мёртвых, и все находящиеся со мною братия – церквам Галатийским: благодать вам и мир от Бога Отца и Господа нашего Иисуса Христа, Который отдал Себя Самого за грехи наши, чтобы избавить нас от настоящего лукавого *мира*, по воле Бога и Отца нашего; Ему слава во веки веков. Аминь.

Удивляюсь, что вы от призвавшего вас благодатью Христовою так скоро переходите к иному *евангелию*, которое впрочем не иное, а только есть люди, смущающие вас и желающие *извратить* благовествование Христово. Но если бы даже мы или ангел с неба стал благовествовать вам *любое другое евангелие*, что мы благовествовали вам, да будет анафема. Как прежде мы сказали, так и теперь ещё говорю: кто благовествует вам не то *евангелие, которое* вы приняли, да будет анафема. У людей ли я ныне ищу благоволения, или у Бога? людям ли угождать стараюсь? Если бы я и поныне угождал людям, то не был бы рабом Христовым.

Возвещаю вам, братия, что евангелие, которое я благовествовал, не есть человеческое, ибо и я принял его и научился не от человека, но через откровение Иисуса Христа. Вы слышали о моём прежнем образе жизни в иудействе, что я жестоко гнал Церковь Божию и опустошал её, и преуспевал в Иудействе более многих сверстников в роде моём, будучи неумеренным ревнителем отеческих моих преданий. Когда же Бог, избравший меня от утробы матери моей и призвавший благодатью Своею, благоволил открыть во мне Сына Своего, чтобы я благовествовал Его язычникам, – я не стал тогда же советоваться с плотью и кровью, и не пошёл в Иерусалим к предшествовавшим мне апостолам, а пошёл в Аравию, и опять возвратился в Дамаск.

Потом, спустя три года, ходил я в Иерусалим видеться с Петром и пробыл у него дней пятнадцать. Другого же из апостолов я не видел никого, кроме Иакова, брата Господня. А в том, что пишу вам, пред Богом, не лгу. После сего отошёл я в страны Сирии и Киликии. Церквам Христовым в Иудее лично я не был известен, а только слышали они, что гнавший их некогда ныне благовествует веру, которую прежде истреблял, – и прославляли *Бога, Который во мне* (Послание к Галатам, 1-я глава, «Пересмотренный перевод» – R.V.).

Приветствие апостола

Первые пять текстов содержат такое приветствие, которое, за исключением первых текстов Послания к Римлянам, нельзя найти больше нигде в Библии, а значит, больше нигде в мире. Это приветствие содержит в себе всё евангелие. Если бы вовсе не сохранилось ни одного доступного текста Писания, этот текст содержит достаточно информации для того, чтобы весь мир был спасён. Если мы будем изучать этот небольшой отрывок текста так прилежно и ценить его так высоко, как если бы больше у нас ничего не было, мы обнаружим, что наша вера и любовь бесконечно возросли и укрепились, а наши познания остальных текстов Библии значительно углубились. Читая это приветствие, позволим же древним галатам исчезнуть из нашего поля зрения, чтобы каждый из нас узнал в этих словах голос Бога, обращающегося через апостола прямо к нам сегодня.

Доброе поручение

Слово «апостол» означает «посланный». Павел был апостолом Иисуса Христа и Бога Отца, который воскресил Его из мёртвых. У него была надёжная поддержка. Уверенность вестника пропорциональна власти его посланника, а также пропорциональна его доверию этой власти и силе. Павел знал, что он был послан самим Господом, и он знал, что сила Божья – это сила, способная даже воскрешать из мёртвых. Итак, «Тот, Которого послал Бог, говорит слова Божии» (От Иоанна 3:34). Поэтому и Павел говорил, как власть имеющий. Слова, сказанные им, были ничем иным как «заповедями Божьими» (1-е Коринфянам 14:37). Следовательно, читая его послание, как и любую другую книгу Библии, нам нельзя считать какие-либо его слова исключительно выражением индивидуальности автора, или его предубеждений. Да, это правда, что любой автор выражает в своих трудах и свою собственную индивидуальность. Поэтому Бог и избирает различных людей для выполнения различных поручений, исходя из их индивидуальных качеств; но, тем не менее, все они передают слово Божье, и поэтому их весть не должна приуменьшаться ни в какой степени, ссылаясь на предубеждения или недостаточную образованность.

Хорошо было бы помнить о том, что не только апостолы, но и каждый член церкви призван «говорить как слова Божьи» (1-е Петра 4:11). Все, кто во Христе – новое творение, примирённое с Богом через Иисуса Христа; и все примирённые получили «слово» или «служение примирения», так что они являются посланниками Христа, и как бы сам Бог через них, посредством Христа, умоляет людей быть примирёнными с Ним (2-е Коринфянам 5:17-20). Здесь содержится изумительная поддержка в разочарованиях и страхах перед проповедью Божьей вести. Послы земных государств имеют властные полномочия согласно власти того царя и правителя, которого они представляют; но христиане представляют Царя царей и Господа господствующих.

Апостолы поставлены Богом

«И иных Бог поставил в Церкви, во-первых, апостолами, во-вторых, пророками, в-третьих, учителями; далее, иным дал силы чудодейственные, также дары исцелений», и так далее (1-е Коринфянам 12:28). Будем помнить о том, что все эти служители поставлены в церкви Самим Богом. Никто другой этого сделать не может. Люди не способны поставить кого-либо истинным апостолом или пророком. Но в мире некоторые люди обращаются к другим людям с вопросом: «Почему у вас нет апостолов, пророков ... (и так далее) в вашей церкви?», игнорируя тот факт, что Бог уже имеет их в Своей церкви даже до сегодняшнего дня, хотя они часто так и остаются непризнанными, как и апостольство самого Павла часто отрицалось. Также существуют некоторые группы людей, которые заявляют о присутствии в их среде всех этих поставленных Богом людей. Читая о том, что Бог поставил их в Своей церкви, они понимают, что истинная церковь Божья должна иметь апостолов, пророков и так далее. Соответственно, они сами назначают одних людей апостолами, других – пророками, а иных – учителями, и указывают на всех этих людей как на доказательство, что они представляют собой истинную церковь Божью. Но на самом деле именно это является вернейшим доказательством из всех возможных в пользу того, что они церковью Божьей как раз и не являются. Если бы они были церковью Божьей, то апостолы и пророки были бы поставлены в этой церкви Самим Богом; но тот факт, что они сами считают своим долгом ставить апостолов и пророков, доказывает полное отсутствие таковых в их среде. Они просто ставят искусственный муляж вместо отсутствующей живой реальности. Но наличие подделки только подчёркивает отсутствие оригинала.

Не от людей

Евангельское учение основано на факте божественности Иисуса Христа. Отсюда и авторитет этого учения. Умы апостолов и пророков были настолько пропитаны этой истиной, что она встречается во всех их Писаниях. В самом первом тексте данного послания мы находим утверждение о том, что Павел был посланником не людей «и не через людей»; но был послан самим Иисусом Христом, Который есть «образ Бога невидимого» (Колоссянам 1:15), «Сияние славы Его и образ ипостаси Его» (Евреям 1:1-3), Который был с Богом от начала, и был Богом прежде бытия мира (От Иоанна 1:1; 17:5), и Который «есть прежде всего, и всё Им стоит» (Колоссянам 1:17).

Отец и Сын

«Иисус Христос и Бог Отец, воскресивший Его из мёртвых», здесь показаны как равные. «Я и Отец Мой – одно», – говорит Иисус (От Иоанна 10:30). Они оба сидят на одном троне (Евреям 1:3; 8:1; Откровение 3:21). Между Ними обоими – совет мира (Захария 6:12, 13). Иисус был Сыном Божьим всю Свою жизнь, хотя Он и был семенем Давида «по плоти»; но именно через воскресение из мёртвых, которое совершилось силой «Духа святыни», Его статус Сына Божьего был явлен всем (Римлянам 1:3, 4). Данное послание имеет ту же власть, что и апостольство Павла: эта власть исходит от Того, Кто имеет силу воскрешать мёртвых, и от Того, Кто воскрес из мёртвых.

Церкви в Галатии

Галатия была провинцией Малой Асии, и называлась так оттого, что она была населена галлами – народом, пришедшим из страны, в наши дни называемой Францией. Они поселились на этой территории, которая и стала называться их именем (Галатия – Земля галлов) в третьем столетии до Рождества Христова. Они, конечно, были язычниками; их религия была схожей с верованиями друидов, или британцев. Павел одним из первых проповедовал им евангелие, как мы читаем в книге Деяний (16:6; 18:23). Галатийская земля также включала в себя Иконию, Листру и Дервию, где Павел был вместе с Варнавой во время своего первого миссионерского путешествия (Деяния 14-я глава).

Мир вам и благодать

Таково слово Господа (что следует помнить), и поэтому оно означает нечто большее, чем слово человеческое. Господь не раздаёт пустые комплименты. Его слово полно значимости; оно несёт в себе именно то, о чём говорит. Слово Божье творит, и здесь мы встречаем это творческое слово именно в таком его проявлении.

Бог сказал: «Да будет свет. И стал свет», и так далее во все дни сотворения мира. «Он сказал, и явилось». А здесь сказано: «Мир вам и благодать», и поэтому так оно и есть. «Ибо явилась благодать Божия, спасительная для всех человеков» (Титу 2:11). «Мир оставляю вам, мир Мой даю вам; не так, как мир даёт, Я даю вам» (От Иоанна 14:27). «Мир, мир дальнему и ближнему, говорит Господь» (Исаия 57:19). Бог уже послал благодать и мир, принеся праведность и спасение всем людям – и даже вам, дорогой читатель, кем бы вы ни были, как и мне. Когда мы читаем третий текст первой главы Послания к Галатам, нам нужно читать эти слова не так, как мы читаем простые приветствия, которые вскользь упоминают некие выражения приличия и вежливости, до того как начнёт излагаться сама суть. Нам нужно читать этот текст как то самое творческое слово, приносящее лично нам все благословения мира Божьего, который превосходит всякое разумение. Для нас это слово имеет такую же ценность и силу, как и слова Иисуса женщине: «Прощаются тебе грехи твои. Иди с миром» (От Луки 7:48-50). Мир дан вам; посему «да владычествует в сердцах ваших мир Божий».

Дар Христа

Эти благодать и мир исходят от Христа, «Который отдал Себя за грехи наши». «Каждому же из нас дана благодать по мере дара Христова» (Ефесянам 4:7). Но эта же благодать является «*благодатью, которая во Христе Иисусе*» (2-е Тимофею 2:1, KJV). Поэтому мы узнаём здесь о том, что Сам Христос даётся каждому из нас. Сам факт того, что люди живы, уже является доказательством того, что Христос отдан им, ибо Христос есть «жизнь», и сия жизнь есть «свет человеков». Эта «жизнь-свет» «просвещает всякого человека, приходящего в мир» (От Иоанна 1:4, 9; 14:6). «*Во Христе всё содержится*» (Колоссянам 1:17, KJV), и поэтому так и выходит, что если Бог «Сына Своего не пожалел, но предал Его за всех нас», то Он не может поступить иначе как с Ним «даровать нам всё» (Римлянам 8:32). «От божественной силы Его даровано нам всё потребное для жизни и благочестия» (2-е Петра 1:3). Вся вселенная отдана нам во Христе, и вся полнота власти, которая только есть во вселенной – в нашем распоряжении для победы над грехом. Бог ценит каждую душу так же сильно, как и всё остальное Своё творение вместе взятое. Христос, по благодати Божьей, вкусил смерть за каждого человека (Евреям 2:9), чтобы каждый человек в мире получил этот «неизреченный дар» (2-е Коринфянам 9:15). « ... благодать Божия и дар по благодати одного Человека, Иисуса Христа, преизбыточествуют для многих», то есть для всех, «ибо если преступлением одного всем человекам осуждение, точно так же и праведностью Одного свободный дар был дан всем человекам к оправданию жизни» (Римлянам 5:15-18).

Христос не разделился

Мы встречаем вопрос: «Разве разделился Христос? разве Павел распялся за вас?» (1-е Коринфянам 1:13). Разумеется, ответ на этот вопрос будет отрицательным. Если Христос даётся каждому человеку, то каждый человек получает Его во всей полноте. Любовь Божья обнимает весь мир, но она с одинаковой полнотой проявляется и к каждому отдельному человеку. Любовь матери не делится на количество её детей так, что один получает третью часть этой любви, другой – четвертую, а иной – пятую; каждый ребёнок является объектом всей полноты её внимания. Насколько же Божья любовь полнее и совершеннее любви любой матери, если Бог Сам есть любовь! (Исаия 49:15). Христос – свет нашему миру, Солнце Праведности. Однако этот свет не разделяется на множество частей, достигая людей. Если комната с ярким освещением будет полна народа, каждый отдельный человек в ней получит всю полноту излучаемого света так, как если бы он был один в этой комнате. Так и жизнь Христова просвещает каждого человека, приходящего в мир, и в каждом верующем сердце Христос пребывает во всей Своей полноте. Посейте семя в землю, и вы получите в результате много семян, каждое из которых будет иметь в себе столько же жизни, сколько имело то одно семечко, брошенное в землю. Так и Христос, истинное Семя, где бы ни оказался, всем отдаёт всю полноту Своей жизни.

Наши грехи куплены

Христос «отдал Себя за грехи наши». Это значит, что Он купил их, уплатив за них цену. Это просто констатация факта. Данная истина открывается нам на языке сферы торговли. «Сколько вы отдали за это?» или: «Сколько вы хотите за это?» – часто спрашивают люди. Когда мы слышим от человека, что он отдал за какую-то вещь столько-то, что мы из этого сразу же понимаем? – Мы понимаем, что эта вещь теперь принадлежит ему, потому что он уже купил её. Следовательно, когда Дух Святой сообщает нам о том, что Христос отдал Себя Самого за наши грехи, в чём же мы можем быть в равной степени уверены? – В том, что Он купил наши грехи, и что они принадлежат Ему, а не нам. Они уже не наши, мы не имеем на них никакого права. Каждый раз, когда мы грешим, мы обкрадываем Господа, ведь нам нужно помнить о том, что Христос приобрёл не только конкретные греховные дела, совершённые нами, или дела прошлого, но также и тот грех, который живёт в нас самих, и который себя во всех этих делах и проявляет. Вера в это приносит праведность.

Он купил также и нас

Это следует из того факта, что Он приобрёл наши грехи, чтобы избавить нас от себя самих. Наши грехи являются частью нас, нет, пожалуй, это всё, из чего мы состоим, ибо жизнь, исходящая от нас, это есть ничто иное, как грех. Поэтому Христос не мог приобрести наши грехи, не купив также и нас. Об этом мы читаем в ясных утверждениях. Он «отдал Себя за нас, чтобы *искупить* нас от всякого беззакония» (Титу 2:14, KJV). «Вы не свои, ибо вы куплены дорогою ценою» (1-е Коринфянам 6:19). «Не тленным серебром или золотом искуплены вы от суетной жизни, преданной вам от отцов, но драгоценною Кровию Христа, как непорочного и чистого Агнца» (1-е Петра 1:18, 19).

«Приняты в Возлюбленном»

Как часто служители евангелия слышат слова: «Я настолько грешен, что, боюсь, Господь не примет меня». И даже те, кто давно называют себя христианами, часто с грустью выражают желание иметь уверенность в их принятии Богом. Господь не дал никаких оснований для подобных сомнений. Вопрос принятия Богом навеки решён теми текстами, которые мы только что прочли. Христос купил нас, купил вместе со всеми нашими грехами и уплатил цену. Именно об этом говорит нам тот факт, что Он принял нас. Для чего человек идёт в магазин и покупает какую-то вещь? – Потому что он желает её иметь. Если он уже заплатил за неё, отдавая себе отчёт в том, что именно он покупает, разве продавец волнуется о том, что покупатель откажется от этой вещи? – Совсем нет. Продавец знает, что теперь он должен доставить покупателю купленную вещь как можно скорее.

Если же он не принесёт покупателю купленное, он будет виновен в мошенничестве. Покупатель не будет равнодушно говорить: «Ну, я выполнил свою часть сделки. Если продавец не желает выполнить свою часть, пусть не выполняет. Всё кончено. Он может оставить эту вещь себе, если хочет». Нет. Покупатель придёт в магазин и скажет: «Почему вы не отдали мне то, что уже принадлежит мне?» Он будет предпринимать все возможные меры для того, чтобы овладеть своим имуществом. Точно так же и Господь не относится равнодушно к тому, покоряемся мы Ему или нет. Он бесконечной жаждой томится по тем душам, которые Он уже приобрёл Своей драгоценной кровью. «Сын Человеческий пришёл взыскать и спасти погибшее» (От Луки 19:10). Бог «избрал нас в Нём прежде создания мира», и поэтому «Он принял нас в Возлюбленном» (Ефесянам 1:4-6).

Этот «настоящий лукавый мир»

Христос отдал Себя за наши грехи, «дабы избавить нас от настоящего лукавого мира». Он заберёт от нас то, что уже купил – нашу греховность. Делая это, Он и избавляет нас от этого «лукавого мира». Мы видим, что «этот настоящий лукавый мир» есть ничто иное, как наше собственное греховное «я». Это «похоть плоти, похоть очей и гордость житейская» (1-е Иоанна 2:16). Мы сами и привносим в мир всё зло, существующее в нём. Ведь именно человек сделал наш мир греховным. «Одним человеком грех вошёл в мир, и грехом – смерть, так и смерть перешла во всех человеков, потому что в нём все согрешили» (Римлянам 5:12). Нет необходимости обвинять кого-то другого. Мы сами источаем всё то зло, которое только и может нам каким-то образом навредить.

Рассказывают историю о человеке, чьим запинающим грехом был необузданный нрав. Он часто становился очень раздражённым, однако всю вину за это он возлагал на людей, с которыми жил, и которые якобы слишком сильно его изводили. Никто, по его словам, не мог жить с такими людьми. И поэтому он решил, как и многие другие, «оставить мир», и стать отшельником. Он избрал своим пристанищем пещеру в лесу, которая была далека от поселений людей. Как-то утром он взял свой кувшин и пошёл к близлежащему источнику, чтобы набрать воды для приготовления завтрака. Камень, на котором он ставил кувшин, порос водорослями, и постоянный поток воды сделал его очень скользким. Как только он поставил кувшин под струю воды, тот сразу же соскользнул оттуда. Он поставил его снова, и снова кувшин соскользнул. Это повторилось два или три раза, и каждый раз он ставил кувшин на место, прилагая к этому все больше и больше силы. Наконец терпение отшельника совершенно иссякло, и, восклицая: «Только попробуй не устоять!», он поднял сосуд и поставил его туда с таким неистовством, что кувшин разбился вдребезги. Обвинять в этом было некого, кроме себя самого. Он имел достаточно здравомыслия, чтобы понять, что греховным его делал не тот «мир», который его окружал, а тот «мир», который был внутри него. Многие люди несомненно увидят в этой небольшой истории определённое сходство со своим собственным жизненным опытом.

Лютер, пребывая в своей монашеской келье, куда он ушёл, чтобы удалиться от мира, обнаружил в себе ещё более скверные грехи. Куда бы мы ни отправлялись, мы носим свой «мир» с собой; ведь он находится прямо в нашем сердце; мы несём его как тяжкое непосильное бремя на своих плечах. Мы видим, что даже когда мы желаем делать добро, от нас исходит лишь зло (Римлянам 7:21). Это зло всегда присутствует, оно всегда в настоящем времени, и мы сталкиваемся с этим «настоящим лукавым миром», который внутри нас до тех пор, пока не воскликнем: «О бедный я человек! Кто избавит меня от сего тела смерти?» Даже Христос встретился со Своими величайшими искушениями в пустыне, далеко от мест обитания людей. Всё это показывает нам, что отшельничества и монашества нет в Божьем плане. Божий народ назван солью этого мира; соль же, независимо от её качества, не принесёт никакой пользы, если будет лежать в закрытой ёмкости. Её следует смешивать с теми продуктами, которые необходимо сохранить от порчи.

Освобождение

То, что Бог пообещал, Он также и «может исполнить». Он способен «сделать несравненно больше всего, чего мы просим, или о чём помышляем» (Ефесянам 3:20). Он может «соблюсти вас от падения и поставить пред славою Своею непорочными *в чрезвычайной* радости» (Иуды 1:24, KJV). Он отдал Себя за наши грехи, чтобы освободить нас, и Он умер не напрасно. Освобождение уже принадлежит нам. Христос был послан «чтобы открыть глаза слепых, чтобы узников вывести из заключения и сидящих во тьме – из темницы» (Исаия 42:7). Поэтому Он и взывает к пленникам: «Свобода!» Пленным Он возвещает о том, что двери их темницы открыты (Исаия 61:1). Всем заключённым Он говорит: «Выходите!» (Исаия 49:9). Каждая живая душа может сказать, если только того пожелает: «О, Господи! я раб Твой, я раб Твой и сын рабы Твоей; Ты разрешил узы мои» (Псалтирь 115:7). И это – правда, независимо от того, верим мы в это или нет. Мы – слуги Господа, даже если упрямо отказываемся служить Ему; ибо Он уже купил нас; искупив же нас, Он разорвал все узы, которые мешали нам служить Ему. Если только мы в это верим – то «победа, победившая мир» уже наша (1-е Иоанна 5:4; От Иоанна 16:33). Нам посылается весть о том, что наше «время борьбы исполнилось», наше «*беззаконие прощено*» (Исаия 40:2). И нам нужно только воскликнуть, подобно Израилю у Иерихона, чтобы убедиться в том, что Бог уже дал нам эту победу. Бог уже «посетил народ Свой и сотворил избавление ему» (От Луки 1:68). «*Пришёл* от Сиона Избавитель, *чтобы отвратить* нечестие от Иакова» (Римлянам 11:26). «Благодарение Богу, даровавшему нам победу Господом нашим Иисусом Христом!» (1-е Коринфянам 15:57).

> «Мой грех пригвождён ко кресту
> И я не несу его больше.
> Какая славная весть!
> Прославляй, душа моя, Господа!»

Воля Божья

Это освобождение согласовано с «волей нашего Бога и Отца». Воля Божья есть освящение наше (1-е Фессалоникийцам 4:3). Он желает, чтобы все люди спаслись и достигли познания истины (1-е Тимофею 2:4). Вот Он и «совершает всё по изволению воли Своей» (Ефесянам 1:11). Кто-то сразу же спросит: «Что?! Неужели вы собираетесь учить всеобщему спасению?» Мы желаем говорить только то, чему учит Слово Божье, а именно, что «явилась благодать Божия, *принося спасение всем людям*» (Титу 2:11). Бог совершил спасение для каждого человека, и отдал его ему как дар; но большинство людей отвергают его и отталкивают его прочь от себя. Суд откроет тот факт, что полное и совершенное спасение было дано каждому человеку, но потерянные для вечности люди сами добровольно отвергли своё «право первородства». Именно так и «умолкнут всякие уста».

Отсюда следует, что воля Божья о нас должна вызывать радость у тех, кто её принимает, но отнюдь не хмурое лицо и унылый дух. Даже если нас ожидают страдания, эти страдания содействуют нашему благу (Римлянам 8:28), и допущены нам для того, чтобы «произвести» для нас «в безмерном преизбытке вечную славу» (2-е Коринфянам 4:17). Его воля открыта в Его законе (Римлянам

2:18), и поэтому нам следует познавать её, говоря вместе со Христом: «Я желаю исполнить волю Твою, Боже Мой» (Псалтирь 39:9).

В этом и радость от познания воли Божьей. Он желает нашего освобождения от рабства греха; поэтому мы можем молиться с совершенной уверенностью и благодарностью; ибо «вот какое дерзновение мы имеем к Нему, что, когда просим чего по воле Его, Он слушает нас. А когда мы знаем, что Он слушает нас во всём, чего бы мы ни просили, – знаем и то, что получаем просимое от Него» (1-е Иоанна 5:14, 15). Какая благословенная уверенность! Будем же всегда с радостными и смиренными сердцами молиться: «Да будет воля Твоя и на земле как на небе».

Слава принадлежит Богу

Мы читаем не просто «Ему слава», как в общепринятом переводе, а «Которому слава», как в «Пересмотренном переводе» (R.V.). «Твоё есть царство и сила и слава». Вся слава принадлежит Богу, признают люди этот факт, или нет. Воздать Богу славу не значит наделить Его чем-то новым. Это значит признать некий факт. Мы воздаём Ему славу, признавая Его силу. «Он сотворил нас, *а не мы себя*» (Псалтирь 99:3). Сила и слава – это одно и то же. Об этом мы читаем как в Послании к Ефесянам (1:19, 20), где нам сказано, что Христос «воскрес из мёртвых безмерным величием силы могущества Бога», так и в Послании к Римлянам (6:4), где сказано, что Христос «воскрес из мёртвых славою Отца». Также, когда Иисус Своей изумительной силой превратил воду в вино, мы узнаём, что, сделав это чудо, Он «явил славу Свою» (От Иоанна 2:11). Поэтому, говоря, что Богу принадлежит вся слава, мы тем самым исповедуем также и то, что вся сила исходит только от Него. Мы не спасаем себя, ибо мы «немощны». Но Бог всемогущ, Он может спасти, и Он спасает. Если мы исповедуем, что вся слава принадлежит Богу, мы не будем предаваться тщеславным фантазиям и чем-то хвалиться. И тогда Бог будет прославлен в нас. «Так да светит свет ваш пред людьми, чтобы они видели ваши добрые дела и прославляли Отца вашего Небесного» (От Матфея 5:16).

Последнее провозглашение «вечного евангелия», которое объявляет, что наступил час Божьего суда, возвещает весть: «Убойтесь Бога и воздайте Ему славу», и «поклонитесь Сотворившему небо и землю и море, и источники вод» (Откровение 14:6, 7). Таким образом, мы видим, что Послание к Галатам словами «Которому слава», уже возвещает это «вечное евангелие». Поэтому оно и является особой вестью последнего времени. Будем же изучать его, вникать в него, чтобы содействовать приближению времени, когда «земля наполнится познанием славы Господа, как воды наполняют море» (Аввакума 2:14).

Критический случай

Быстрота, с которой апостол переходит к сути дела, показывает важность того вопроса, который и вызвал нужду в этом послании. Кажется, что дух Павла пылает огнём, и он, схватив перо, пишет так, как может писать только тот, кто обременён тяжелым сердечным бременем спасения душ, быстро идущих к своей погибели.

Кто призывает людей?

«Верен Бог, Которым вы призваны в общение Сына Его Иисуса Христа, Господа нашего» (1-е Коринфянам 1:9). «Бог же всякой благодати, призвавший нас в вечную славу Свою во Христе Иисусе», и так далее (1-е Петра 5:10). «Ибо вам принадлежит обетование и детям вашим и всем дальним, кого ни призовёт Господь Бог наш» (Деяния 2:39). Все «ближние» и все «дальние» – это все люди в мире; поэтому Бог призывает каждого человека. Не все, однако, приходят. «Сам же Бог мира да освятит вас во всей полноте, и ваш дух и душа и тело во всей целости да сохранится без порока в пришествие Господа нашего Иисуса Христа. Верен Призывающий вас, Который и сотворит сие» (1-е Фессалоникийцам 5:23, 24). Именно Бог призывает людей.

Отделение от Бога

Поскольку галатийские братья «отделялись от Призывающего их» (а ведь именно Бог милостиво призывает людей), то становится очевидным, что они отделялись от Бога. Мы убеждаемся в том, что нужда в написании этого послания вызвана отнюдь не пустяковым вопросом. Братья апостола Павла находились в смертельной опасности, и он не мог тратить время на пустые комплименты. Он должен был сразу же переходить к сути дела, и изложить свою весть в таких ясных и прямых формулировках, в каких только возможно было это сделать.

Хорошо было бы мимоходом коснуться того мнения, которое иногда возникает, а именно, что Павел якобы говорил о себе как о том, кто призвал галатийских братьев, и от кого они отдалялись. Немного поразмыслив над этим, любой человек должен прийти к выводу о ложности этой идеи. Во-первых, подумайте о ясном свидетельстве, которое частично уже рассматривалось: призывает именно Бог. Вспомним также о предупреждении самого Павла насчёт отступления, которое настанет в результате попыток людей увести учеников за собой (Деяния 20:30); он, как раб Христов, был бы последним человеком, который уводил бы людей за собой. Это – правда, что Бог использует инструменты (одним из которых был и Павел) чтобы призывать людей. Но, тем не менее, именно Бог призывает их. «Бог был во Христе, примиряя с Собою мир». Мы же – посланники от имени Христова, так что Сам Бог увещевает через нас от имени Христова примириться с Ним. Голосов может быть много, но весть одна.

Вопросы единства или разделения людей друг с другом имеют не такое уж большое значение. Однако вопросы единства или разделения с Богом жизненно важны. Многие, по-видимому, думают, что если только они являются «образцовыми членами церкви» в той или иной общине, то они в безопасности. Но думать стоит только о том, чтобы прилепиться к Господу и ходить в Его истине. Если вы прилепились к Господу, вы очень скоро найдёте своё место среди Божьего народа, ибо те, кто не являются таковыми (не являются Божьим народом), не будут долго терпеть в своей среде ревностного и последовательного христианина (смотри Исаия 66:5; От Иоанна 9:22, 33, 34, 15:18-21, 16:1-3; 2-е Тимофею 3:1-5, 12).

Когда Варнава пошёл в Антиохию, он наставлял братьев «держаться Господа искренним сердцем» (Деяния 11:22, 23). Это всё, что было необходимо. Поступая так, рано или поздно, мы, вне всяких сомнений, обнаружим себя среди Божьего народа.

Без Бога

Те, кто отступили от Бога, были «без Бога в мире» ровно в той степени, в которой они сами себя от Него отдаляли. Но люди, находящиеся в таком состоянии, называются никак иначе как язычниками (Ефесянам 2:11, 12). Из этого следует, что галатийские братья возвращались в язычество. Иначе и быть не могло; ибо как только христианин теряет упование на Бога, он неизбежно и порой неосознанно возвращается к старой жизни, от которой он был спасён. И каждый такой отступник снова приобретает такие же привычки, рабом которых он был раньше. Не существует в мире более безнадёжного состояния, чем состояние «без Бога».

Иное евангелие

Евангелие – это «сила Божья ко спасению всякому верующему» (Римлянам 1:16). Сам Бог – это сила, и поэтому отделение от Бога означает отделение от евангелия Христова, то есть от силы Божьей. Евангелием можно назвать только то, что несёт спасение, и ничто другое. Нельзя назвать евангелием то, что несёт одну лишь смерть. «Евангелие» означает «радостная весть», «благая весть», а весть о смерти не соответствует этому описанию. Для того, чтобы внедрить какое-то ложное учение в качестве евангелия, его нужно сперва выдать за путь жизни. Иначе оно не сможет подействовать на людей. Следовательно, галатийских христиан уводили от Бога, используя то, что обещало им жизнь и спасение, однако эти жизнь и спасение достигались другой силой, но отнюдь не силой Божьей, а именно: их собственной силой. Это «иное евангелие» было исключительно человеческим евангелием. Следовательно, возникает вопрос: какое евангелие является подлинным: то, которое проповедовал Павел, или то, которое насаждали другие люди?

Итак, мы видим, что данное послание должно представлять собой ясное откровение истинного евангелия в его отличии от всякого ложного евангелия.

Другого евангелия не существует

Точно так же, как Иисус Христос является единственной «силой Божьей», и нет никакого «другого имени под небом, данного человекам, которым надлежало бы нам спастись», так и евангелие может быть только одно. «Сила принадлежит Богу», и только Ему одному. (Смотри Псалтирь 61:10-12). Подделка – это ничто. Маска – это не человек. Так же и это «иное евангелие», к которому склоняли галатийских братьев, было всего лишь искажённым евангелием, подделкой, маской, но вовсе не подлинным евангелием. В других переводах 6-й и 7-й стихи звучат так: «Я удивляюсь, что вы так скоро ушли к другому евангелию, хотя нет никакого другого евангелия». Если в то время не было никакого другого евангелия, то его не было и в любое другое время, ибо Бог не изменяется. Поэтому евангелие, которое Павел проповедовал как галатам, так и коринфянам – «Христос и Христос распятый» – было тем же самым евангелием, которое проповедовали Енох, Ной, Авраам, Моисей и Исаия. «О Нём все пророки свидетельствуют, что всякий верующий в Него получит прощение грехов именем Его» (Деяния 10:43).

«Проклятие анафемы»

Если какой-то человек, или даже ангел с неба будет проповедовать любое другое евангелие, а не то, что проповедовал Павел, он навлечёт на себя проклятие анафемы. Не существует двух стандартов добра и зла. То, что приносит проклятие сегодня, приводило к тому же результату и пять тысяч лет назад. Итак, мы видим, что путь спасения во все века был и остаётся одним и тем же. Евангелие было проповедано Аврааму (Галатам 3:8), когда ему были посланы ангелы; пророки также возвещали евангелие (1-е Петра 1:11, 12). Но если бы евангелие, возвещаемое ими, отличалось от того, которое проповедовал Павел, то они бы тоже подверглись проклятию.

Почему проповедь «иного евангелия» навлекает проклятие? – Потому что человек, проповедующий его, погружает во тьму проклятия других людей, склоняя их довериться в вопросе своего спасения тому, что претендует на обладание силой, но таковым не является. Поскольку галаты удалялись от Бога, то из этого следует, что они доверились человеческой силе – их собственной силе, якобы могущей их спасти. Но ни один человек не в состоянии спасти человека (Псалтирь 48:7, 8), поэтому «проклят человек, который надеется на человека и плоть делает своею опорою, и которого сердце удаляется от Господа» (Иеремия 17:5). Тот, кто обрекает людей на это проклятие, конечно же, и сам должен находиться под этим проклятием.

«Проклят, кто слепого сбивает с пути!» (Второзаконие 27:18) Если эти слова правдивы в отношении тех, кто сбивает с пути физически слепого человека, то насколько же более строго они предостерегают того, кто уводит души людей в вечную погибель! Соблазнять людей ложной надеждой на спасение – склонять их к доверию тому, что никак не способно их спасти – что может быть большим грехом? Это значит уговаривать людей строить свой дом над бездонной пропастью. Не удивительно, что апостол так строго и неоднократно произносит свою анафему. Здесь мы снова видим ту крайнюю нужду, которая вызвала написание данного послания.

«Ангел с неба»

Но существует ли какая-то опасность, или даже вероятность того, что ангел с неба станет проповедовать какое-то иное, отличное от истинного, евангелие? – Несомненно, существует, хотя ангел в этом случае будет не тем существом, которое сошло бы с неба прямо сейчас. Мы читаем об «ангелах согрешивших» (2-е Петра 2:4), «не сохранивших своего достоинства, но оставивших своё жилище» (Иуды 1:6), и о том, что жилищем, которого они лишились, были сами небеса (Откровение 12:7-9). «Сам сатана принимает вид Ангела света, а потому не великое дело, если и служители его принимают вид служителей правды» (2-е Коринфянам 11:14, 15). Именно они приходят под видом духов умерших, возвещая якобы о вышних реалиях (где мёртвых вообще нет) и проповедуя ничто иное как «другое евангелие», совершенно отличное от евангелия Иисуса Христа. Берегитесь их. «Возлюбленные! не всякому духу верьте, но испытывайте духов, от Бога ли они» (1-е Иоанна 4:1). «Обращайтесь к закону и откровению. Если они не говорят, как это слово, то нет в них света» (Исаия 8:20). Никто не будет обманут, полагаясь на Слово Божье. Да и невозможно никому быть обманутым, пока этот человек придерживается Библии, освещающей наш путь.

Не угождая людям

Богословы признают, что в первые три столетия церковь стала пропитываться язычеством, и что, несмотря на реформацию, в ней осталось многое от язычества до сих пор. Это и было результатом стремления угодить людям. Епископы считали, что они смогут обрести влияние на язычников, поступаясь некоторыми строгими принципами евангелия. Так они и сделали, и в результате церковь стала разлагаться. Усилия, направленные к тому, чтобы приспособиться и угодить людям, всегда исходят от себялюбия. Епископы часто желали (порой, возможно, даже не понимая этого) увлечь за собой учеников (Деяния 20:30). Для того чтобы заполучить симпатии народа, они вынуждены были уступать в вопросах истины и искажать её. Именно это происходило и в Галатийских церквях. Там искажалось евангелие Христово. Но Павел не принадлежал к подобному классу людей; он стремился к тому, чтобы угодить Богу, а не людям. Он был слугой Божьим, и Бог был Единственным, кому он должен был угодить. Тот же, кто желает угождать людям, является рабом людей, а не Бога.

Этот принцип верен во всех сферах служения. Как домашние слуги, как и помощники в мастерской, трудящиеся с одной только целью – угодить людям, не будут верными слугами, ибо они будут хорошо выполнять работу только в том случае, если эту работу замечают люди. Они же будут избегать любого задания, которого не смогут проконтролировать их работодатели. Поэтому Павел и увещает: «Рабы, во всём повинуйтесь господам вашим по плоти, не в глазах только служа им, как человекоугодники, но в простоте сердца, боясь Бога. И всё, что делаете, делайте от души, как для Господа, а не для человеков, зная, что в воздаяние от Господа получите наследие, ибо вы служите Господу Христу» (Колоссянам 3:22-24). Тот, кто не заботится ни о чём другом, кроме как о том, чтобы угодить Богу и служить только Ему, будет оказывать лучшее служение и людям.

Это необходимо понять всем. Особенно нуждаются в этом понимании трудящиеся христиане. Существует тенденция к тому, чтобы умалчивать истину с целью не потерять связи с некоторыми состоятельными и влиятельными людьми. Как много людей пожертвовали своими убеждениями, боясь потерять деньги или положение! Пусть каждый из нас помнит следующее: «Если бы я угождал людям, то я не был бы рабом Христовым». Однако это не значит, что нам нужно быть грубыми и невежливыми. Это не значит, что мы вправе кого-то намеренно обижать. Бог добр ко всем. Он добр и к неблагодарным, и к тем, кто далёк от святости. Иисус «ходил повсюду, делая добро», говоря слова любви и утешения. Нам необходимо быть завоевателями душ, а поэтому нам нужно иметь доброжелательный характер. Но, тем не менее, мы призваны привлекать души именно к Богу, и поэтому должны проявлять любезность любящего и распятого Христа. Мы служим Христу, позволяя Его Духу владеть нами.

> «Тот, кто полнее всего несёт на себе
> благое иго Господа, тот и служит Ему
> наилучшим образом».

«Не от людей»

Заметьте, как данное послание акцентирует тот факт, что евангелие – это нечто божественное, а не человеческое. В первом же стихе апостол утверждает, что он не был послан человеком, и не представляет никакого человека. И снова он говорит о том, что он старается угождать не людям, а только Христу. Теперь же он очень ясно утверждает, что принесённая им весть пришла исключительно с небес. Он сначала был противником евангелия из-за преподанного ему образования, а также из-за того, что родился таковым. И обращение он пережил, услышав голос с небес. Читайте историю его обращения в книге Деяний (9:1-22; 22:3-16; 26:9-20). Сам Господь явился ему на пути в тот город, где он собирался убивать святых Божьих, «дыша угрозами» на них.

Невозможно найти двух людей, чей опыт обращения был бы одинаковым, и все же общие принципы остаются одними и теми же для всех. В принципе, каждый человек должен быть обращён так, как был обращён Павел. И хотя опыт этот не часто будет таким же впечатляющим, но если это опыт истинного обращения, он должен происходить «по откровению» с небес, как и было в случае с Павлом. «Все дети твои будут научены Господом» (Исаия 54:13; От Иоанна 6:45). «Слышавший от Отца и научившийся, приходит ко Мне» – говорит Господь. «Впрочем, помазание, которое вы получили от Него, в вас пребывает, и вы не имеете нужды, чтобы кто учил вас; но как самое сие помазание учит вас всему, и оно истинно и неложно, то, чему оно научило вас, в том пребывайте» (1-е Иоанна 2:27).

Не будем делать ошибку, предполагая, что проповедь евангелия не нуждается в участии людей. Если бы это было так, то апостолы осудили бы сами себя, ибо они проповедовали евангелие. Бог поставил апостолов, пророков, учителей, и так далее, в церкви (1-е Коринфянам 12:28); Но именно Дух Божий действует через все эти инструменты. «Тот, кого послал Бог, говорит слова Божьи» (От Иоанна 3:34). Поэтому, невзирая на личность того, от кого мы услышали истину с самого начала, нам необходимо принимать её как сходящую прямо с небес. Святой Дух делает способными всех желающих исполнять волю Божью определить, что есть истина, как только они видят или слышат её; и они принимают её, полагаясь не на авторитет человека, через которого она к ним пришла, а на авторитет Бога истины. Мы можем быть точно так же уверены в истине, которую исповедуем и возвещаем, как в ней был уверен апостол Павел. Но если для защиты своих взглядов кто-то начинает ссылаться на авторитет какого-то высокочтимого проповедника или доктора богословия, придавая своим словам больше веса, заручаясь такой поддержкой, стремясь в чём-то убедить — вы можете быть уверены в том, что поступающие так и сами не знают ту истину, которую проповедуют. Слова такого человека могут быть истиной, но сам он этой истины ещё не познал для себя лично. Каждый человек может познать истину (От Иоанна 8:31, 32). И когда кто-то принимает истину прямо от Бога, то десять тысяч умножить на десять тысяч великих имён не добавят этой истине ни власти, ни веса ни на одно перышко. Его уверенность в этой истине также не поколеблется, даже если каждый из всех великих людей на земле будет против неё. Самое главное — это строить на Камне.

Откровение Иисуса Христа

Заметьте, что речь идёт не просто об откровении «от Иисуса Христа», а об «откровении Иисуса Христа». Мы узнаём не о том, что Христос что-то сообщил Павлу, а о том, что Христос Сам открыл Себя Павлу, и в Павле, а Христос и есть Истина. В том, что здесь имеется ввиду именно это, вы можете убедиться после прочтения 16-го стиха, где мы встречаем описание того, что Бог открыл Своего Сына в Павле, чтоб тот мог проповедовать Его среди язычников. Тайна евангелия — это Христос в верующем, упование славы (Колоссянам 1:25-27). Святой Дух — это личный Представитель Христа. Христос посылает Его, чтобы Он мог пребывать с нами всегда. Мир не принимает Его, потому что не видит Его; «а вы знаете Его, — говорит Христос, — «ибо Он с вами пребывает и в вас будет» (От Иоанна 14:17). Только так можно познать и открыть истину Божью. Только так она может открыться. Христос, вместо того, чтобы, находясь где-то вдалеке от нас, возлагать на нас праведные обязательства, повелевая нам следовать им, вселяется в нас лично, завладевает нами по мере нашей покорности Ему, и являет Свою жизнь в нашей смертной плоти (2-е Коринфянам 4:11). Без этой жизни, как без бьющего источника, невозможна проповедь Евангелия. Заметьте, что Иисус был открыт в Павле для того, чтобы Павел мог проповедовать Его язычникам. Он был призван проповедовать не «о Христе», а проповедовать, или представлять, Самого Христа. «Ибо мы не себя проповедуем, а Христа Господа» – пишет он (2-е Коринфянам 4:5).

Бог сильно желает и с нетерпением ждёт возможности открыть Христа в каждом человеке. Мы же читаем о людях, которые «подавляют истину в неправедности», а также читаем: «что можно знать о Боге, явно *в них*», как и во всём, что сотворил Бог Его «вечная сила и божество» ясно видимы (Римлянам 1:18-20, KJV). Христос – это Истина (От Иоанна 14:6), сила Божья (1-е Коринфянам 1:24), и Божество (От Иоанна 1:1). Поэтому Христос и является этой Истиной, которую нечестивые люди сдерживают и подавляют. Он и есть божественное Слово Божье, присутствующее в людях, дабы люди могли исполнять это «Слово» (Второзаконие 30:14; Римлянам 10:6-8). Присутствие Христа во всех людях очевидно из того факта, что они живут; однако Он настолько «подавляется» и удерживается, настолько попирается в их сердцах, что порой Его даже трудно там увидеть. Более того, в большинстве случаев в жизни проявляется даже противоположный характер, и единственным доказательством присутствия в них Христа остаётся один только факт того, что они дышат и живут. Но Он остаётся там, терпеливо ожидая возможности «открыться» – ожидая того времени, когда Слово Божье получит там власть и будет прославлено, когда совершенная жизнь Иисуса из Назарета будет явлена в смертной плоти. Такая перемена может произойти в сердце всякого, кто её пожелает, независимо от того, насколько грешным и падшим этот человек является сейчас. Богу угодно совершить это чудо прямо сейчас. Не будем же этому противиться.

Личная история

Начиная с 12-го стиха первой главы и заканчивая серединой второй главы, мы читаем описание личной истории Павла, которая излагается здесь с определённой целью. Павел открывает нам из собственного опыта истину Евангелия, а также свойство этого Евангелия ничего у людей не отнимать, а наоборот, всё им только отдавать. Апостол показывает нам, что вся его прежняя жизнь была направлена против влияния Евангелия, ибо он изучал то, что было противоположно Евангелию, и поэтому сильно противостоял благой вести. Затем он был обращён, и при этом рядом с ним не было ни одного христианина. Впрочем, в последующие годы ему также не довелось общаться с христианами. Обо всём этом галаты были осведомлённы ранее, однако повторить это было нужно для того, чтобы убедить их: Павел не открывал им очередное человеческое изобретение.

Заметьте слово, переведённое как «образ жизни» (по-английски «разговор» – старый (KJV) перевод), и которое встречается несколько раз в Библии в том значении, которое сейчас не так распространённо (имеется ввиду значение «разговор» – старый (KJV) перевод). Откройте «Пересмотренный перевод» (R.V.), и вы найдёте, что оно значит «образ жизни». «Образ жизни» Павла в прошлом – это и есть вся его прежняя жизнь. (Смотри старый (KJV) и «Пересмотренный перевод» (R.V.) текста из 1-го Послания Петра 1-й главы, 18-го стиха).

«По ревности – гонитель церкви Божьей»

Так Павел сказал о себе в Послании к Филиппийцам (3:6). О том, насколько сильной была его «ревность», он свидетельствовал сам. Он пишет, что преследовал церковь Божью «без меры», и «гнал её», или, как сказано в «Пересмотренном переводе» (R.V.), «опустошал её». (Смотри также Деяния 8:3). Перед Агриппой он сказал: «Правда, и я думал, что мне должно много действовать против имени Иисуса Назорея. Это я и делал в Иерусалиме: получив власть от первосвященников, я многих святых заключал в темницы, и, когда убивали их, я подавал на то голос; и по всем синагогам я многократно мучил их и принуждал хулить Иисуса и, в чрезмерной против них ярости, преследовал даже и в чужих городах» (Деяния 26:9-11). В своём обращении к иудеям в Иерусалиме, которые знали его жизнь, он сказал: «Я даже до смерти гнал последователей сего учения, связывая и предавая в темницу и мужчин и женщин» (Деяния 22:4). Он делал это по причине, описанной им же в предыдущем тексте: он имел «ревность по Богу». И этот вид «ревности» был настолько полным, что он «дышал» ничем иным как «угрозами и убийством» (Деяния 9:1).

Кажется почти невероятным, что кто-то, исповедуя поклонение истинному Богу, может иметь такие ложные представления о Нём, что считает такое «служение» угодным Ему; и всё же Савл из Тарсиса, один из самых жестоких и неумолимых преследователей христиан, когда либо живших на земле, мог позже сказать: «я всею доброю совестью жил пред Богом до сего дня» (Деяния 23:1). Хотя он и «шёл против рожна» (Деяния 9:5), пытаясь заглушить появившееся в нём убеждение, растущее по мере его наблюдения за терпением страдающих христиан, слыша их предсмертные свидетельства в пользу истины, Савл заглушал этот голос совести неосознанно. Более того, он пытался сохранить добрую совесть. Он был настолько глубоко укоренён в фарисейских традициях, что считал это необычное явление влиянием злого духа, и поэтому старался его подавлять. Побуждения Духа Божьего на какое-то время только заставили его удвоить свою «ревность» и вражду против христиан. Из всех людей мира Павел, самоправедный фарисей, имел меньше всего предрасположенности к христианству. И всё же его ревность, направленная в другую сторону, была «ревностью по Боге», и поэтому стала хорошей базой для формирования характера служителя Христова.

Успехи Павла

Павел «преуспевал», или прогрессировал «в иудействе» лучше многих своих сверстников, то есть тех, кто был с ним одного возраста, среди своих соотечественников. Он имел все преимущества, которые только мог иметь иудейский юноша. «Еврей от евреев» (Филиппийцам 3:5), он, тем не менее, родился свободным римским гражданином (Деяния 22:26-28). По природе смышлёный и восприимчивый, он с радостью воспринимал наставления Гамалиила, одного из мудрейших знатоков закона, и был «тщательно наставлен в законе отцов» (Деяния 22:3). Он жил «по строжайшему учению» среди иудеев, был фарисеем, и даже «фарисеем из фарисеев», так что он был более «неумеренным ревнителем отеческих преданий», чем любой другой человек в этой прослойке общества. Достигнув зрелости, он стал членом великого иудейского совета – синедриона, о чём говорит тот факт, что он подавал свой голос (Деяния 26:10) когда христиан приговаривали к смерти. Вдобавок к этому он имел поддержку первосвященника, который сразу же дал ему письма, обращённые к начальникам всех синагог по всей земле, в которых ему предоставлялась власть хватать и связывать любого человека, объявленного им виновным в «ереси». Он и в самом деле был перспективным молодым человеком, на которого правители Иудеи смотрели с гордостью и надеждой, веря в его будущий вклад в восстановление иудейского народа и его религии до масштабов прежнего величия. Перед Савлом было многообещающее будущее, если смотреть на это с мирской точки зрения; но то, что для него было преимуществом, то ради Христа он почёл за сор, и поэтому ради Христа он пережил потерю всего (Филиппийцам 3:7, 8).

Традиции отцов, а не религия Христа

Павел говорит: «Я преуспевал в Иудействе более многих сверстников в роде моём, будучи неумеренным ревнителем отеческих моих преданий». Нетрудно увидеть, что «иудейство» было отнюдь не Божьей религией, и не религией Иисуса Христа, а представляло собой человеческие традиции. Люди совершают большую ошибку, считая «иудаизм» религией Ветхого Завета. Ветхий Завет учит иудаизму не более, чем Новый Завет учит Римскому Католицизму. Истинная религия Ветхого Завета – это религия Иисуса Христа. Именно Его Духом были движимы пророки, возвещая то же самое евангелие, которое позже проповедовали апостолы (1-е Петра 1:10-12). Когда Савл был «в иудейской религии», он и сам не верил в Ветхий Завет, который он читал и слышал ежедневно, потому что он не понимал его. Если бы он понимал его, он бы уверовал во Христа. «Ибо жители Иерусалима и начальники их, *не зная Его, и не понимая слов пророков*, читаемых каждую субботу, *исполнили их, осудив Его*» (Деяния 13:27, KJV).

Традиции отцов вели к нарушению заповедей Божьих (От Матфея 15:3). Бог сказал об иудейском народе (в целом): «Приближаются ко Мне люди сии устами своими, и чтут Меня языком, сердце же их далеко отстоит от Меня; но тщетно чтут Меня, уча учениям, заповедям человеческим» (От Матфея 15:8, 9). По субботам руководители народа читали в синагогах из Писаний, и в соблюдении этого повеления не было ничего плохого. Иисус сказал: «на Моисеевом седалище сели книжники и фарисеи; итак всё, что они велят вам соблюдать, соблюдайте и делайте; по делам же их не поступайте, ибо они говорят, и не делают» (От Матфея 23:2, 3). Иисус не сказал ни слова против Моисея и его писаний. Он сказал иудеям: «Ибо если бы вы верили Моисею, то поверили бы и Мне, потому что он писал обо Мне» (От Иоанна 5:46). Поэтому всё, что книжники читали и повелевали, исходя из его писаний, должно было исполняться, однако с самих этих «читателей» нельзя было брать пример, ибо они сами не исполняли эти Писания. Христос сказал о них: «связывают бремена тяжелые и неудобоносимые и возлагают на плечи людям, а сами не хотят и перстом двинуть их» (От Матфея 23:4). Эти бремена не были заповедями Божьими, ибо «заповеди Его не тяжки» (1-е Иоанна 5:3). Эти бремена были не от Христа, ибо Его бремя «легко» (От Матфея 11:30).

Мы много слышим об «иудействующих учителях», которые пытались извратить веру галатийских братьев, и мы знаем, что эти люди, учившие «иному евангелию», были иудеями. Но нам нельзя впадать в заблуждение, считая, что эти «иудействующие учителя» открывали новообращённым учение Библии, или какой-либо её части, либо пытались направить их на путь послушания Писаниям, написанным Моисеем. Это далеко не так. Они, наоборот, уводили их от Библии, подменяя её учение заповедями человеческими. Это и возмутило дух апостола. «Иудейская религия» кардинально отличалась от религии Божьей, которой учили «закон, пророки и псалмы».

«Отделённый для проповеди евангелия Божьего»

Павел представил себя в Послании к Римлянам так: «призванный быть апостолом, избранный к благовестию Божию» (Римлянам 1:1). Вот и здесь он говорит: «Бог, избрал меня от утробы матери моей и призвал благодатью Своею» (Галатам 1:15). То, что Бог избрал Савла быть апостолом до того, как сам Савл мог предположить, что он когда-либо станет христианином, очевидно из священного повествования. На своём пути в Дамаск, куда, «дыша угрозами и убийством» он направлялся со всеми полномочиями хватать, связывать и бросать в темницы всех христиан, как мужчин так и женщин, Савл вдруг сам был арестован, но не человеческими руками, а ещё более могущественной славой Господа. Спустя три дня Господь сказал Анании, посылая его с заданием вернуть Савлу зрение: «он есть Мой избранный сосуд, чтобы возвещать имя Моё перед народами» (Деяния 9:15). Бог арестовал Савла в его безумном преследовании невинных людей, потому что Он избрал его быть апостолом. Итак, мы видим, что «рожно», против которого Савл «шёл», представляло собой побуждения Духа, рассчитанные на то, чтобы направить его на труд, к которому он был призван.

Но как долго до этого Савл был избран на то, чтобы стать вестником Господним? – Он сам говорит нам, что он был «отделён», или «поставлен» на это с самого рождения. И он не первый, о ком мы читаем как об избранном на определённую миссию своей жизни с самого рождения. Вспомните Самсона (книга Судей 13:2-14). Также и Иоанн Креститель был назван по имени, и его характер с жизненной миссией были описаны за месяцы прежде его рождения. Господь сказал Иеремии: «Прежде нежели Я образовал тебя во чреве, Я познал тебя, и прежде нежели ты вышел из утробы, Я освятил тебя: пророком для народов поставил тебя» (Иеремия 1:5). Имя языческого царя Кира было названо за сто лет до его рождения, а также был открыт его вклад в дело Божье, который ему предстояло внести (Исаия 44:28; 45:1-4).

И это не единичные случаи. Они просто записаны с целью показать нам, что Бог правит миром. О каждом человеке можно сказать то, что было сказано о фессалоникийцах, а именно, что Бог их «избрал от начала ко спасению через освящение Духа и веру истине» (2-е Фессалоникийцам 2:13). Каждому же человеку остаётся только «стараться делать твёрдым своё звание и избрание». Тот же, Кто «хочет, чтобы все люди спаслись и достигли познания истины» (1-е Тимофею 2:4), также «дал каждому своё дело» (От Марка 13:34). Разве Тот, о Ком свидетельствует даже неодушевлённое творение (Деяния 14:17; Римлянам 1:20), разве Он не намерен принять от человека как наивысшего из Своих творений такую славу, которая может быть вознесена Богу только разумным человеческим существом? Все люди избраны быть свидетелями о Боге, и каждому назначена своя в этом роль. На протяжении всей жизни человека Дух Божий сопровождает каждого, чтобы склонить его к решению стать инструментом в том деле, к которому Бог его призвал. Только судный день покажет те изумительные возможности, которые многие люди по невежеству отбросили от себя. Савл, злобный преследователь, стал влиятельным апостолом. Кто может представить себе масштабы того доброго влияния, которое могли бы оказать на мир те, кто использовал своё могущество и власть над своими ближними только во зло, если бы они покорились влиянию Духа? Не всякий может быть апостолом Павлом; однако мысль о том, что каждый, сообразно способностям, данным ему Богом, избран и призван Богом свидетельствовать о Нём, эта мысль способна придать жизни новый смысл.

Принятие и познание этой истины сделает нашу жизнь не только более реальной, ведущей к поиску воли Божьей лично для себя, и к полной покорности Ему, чтобы Он использовал нас именно в том деле, к которому мы предназначены, но и сделает нас более уважительными к другим, сохраняя нас от презрения хотя бы к «одному из братьев наших меньших». Какая удивительная, радостная, и вместе с тем торжественная мысль! Когда мы видим окружающих нас людей, мы можем знать, что каждый из них имеет от Бога особую, данную только ему, роль и поручение. Все они являются потенциальными слугами Всевышнего Бога, и каждому отделено особое служение. Какое изумительное преимущество! Какая торжественная ответственность! Как мало людей выполняют миссию, предназначенную им Богом! Нам нужно быть чрезвычайно осторожными, чтобы не помешать никому, чтобы даже в малейшей степени не препятствовать людям в выполнении своего небом данного задания.

Мы должны также помнить, что именно Бог даёт каждому человеку его миссию. Каждому нужно получить свою задачу от Бога, а не от людей. Поэтому нам нужно остерегаться того, чтобы указывать людям на их долг. Бог может показать им этот долг так же, как и нам; И если они не услышат Его Самого, то к нам они не прислушаются и подавно, даже если бы мы и направляли их на правильный путь. «Не во власти идущего давать направление стопам своим» (Иеремия 10:23), не говоря уже о том, чтобы направлять стопы другого человека.

Советоваться с плотью и кровью

«Я не стал тогда же советоваться с плотью и кровью». Это утверждение записано с намерением показать, что апостол не принял евангелие от какого-либо человеческого существа. Он видел Христа, и принял Его Самого, а затем он пошёл в Аравию, и вернулся в Дамаск. И только спустя три года после своего обращения он направился в Иерусалим, где оставался всего лишь дней пятнадцать, и видел там только двух апостолов. Более того, братья боялись его, и сначала не желали верить в то, что он – ученик Христа; поэтому и очевидно, что он не принимал евангелие ни от какого человека.

Решение Павла «не советоваться с плотью и кровью» содержит для нас большой урок. Вообще-то он в этом не нуждался, поскольку он принимал слово от Самого Господа; однако такое случается не с каждым. Возьмите, к примеру, человека, который прочёл что-то в Библии, и считает себя обязанным спросить мнение какого-то другого человека, прежде чем осмелиться поверить в прочитанное. Если никто из его друзей в это не верит, он боится принимать на веру то, что прочёл. Если же его пастор, или какой-то библейский комментатор объяснят прочитанное им по-другому, то он выбирает их толкование. Так «плоть и кровь» и получают преимущество перед Духом и Словом Божьим.

Прочитанное наставление может быть таким ясным, что не существует никакого разумного повода обращаться к кому-то за объяснениями. Тогда возникает прямой вопрос: принять эту заповедь или нет? Не будет ли это слишком большой жертвой? Самая опасная «плоть и кровь», с которой мы склонны советоваться – это наша собственная «плоть и кровь». Недостаточно быть независимым от других; в вопросах истины необходимо быть независимым и от своего «я». «Надейся на Господа всем сердцем твоим, и не полагайся на разум твой» (Притчи 3:5). «Кто надеется на себя, тот глуп» (Притчи 28:26).

Папа – это тот, кто решил занять такое место «в совете и в собрании», которое принадлежит только Богу. Но человек, который делает для себя папой самого себя же, следуя своим же собственным советам, так же грешит, как и тот, кто диктует свою волю другим. Он впадёт в ещё большее заблуждение, чем подчиняющийся папе в лице другого человека. Если уж и подчиняться какому-то папе, то разумнее всего подчиняться папе Римскому, потому что он имеет больше опыта в папском владычестве, чем кто-либо другой. Однако, у нас нет никакой надобности подчиняться ни тому, ни другому, поскольку мы имеем Слово Божье. Когда Бог говорит, мудрый человек будет сразу же подчиняться Ему Самому, не советуясь даже со своим собственным сердцем. Господь назван «Советником» (Исаия 9:6), и причём «чудным Советником». Прислушивайтесь же к Нему! «Он будет нашим Вождем вовек».

«Тогда же»

Заметьте эти слова. Павел шёл вперёд и не останавливался даже для того, чтобы посоветоваться. Он не терял времени. Преследуя церковь, он думал, что тем самым служит Богу, но в ту же минуту, когда он понял свою ошибку, он сразу же обратился. Когда он увидел Иисуса из Назарета, он признал Его своим Господом, и сразу же воскликнул: «Господи, что повелишь мне делать?» Он был готов к труду прямо там, не раздумывая ни минуты. Он подаёт нам пример, достойный подражания. О, если бы каждый мог правдиво сказать о себе: «Я спешил и не медлил соблюдать заповеди Твои» (Псалтирь 118:60). «Потеку путём заповедей Твоих, когда Ты расширишь сердце моё» (стих 32-й).

Язычники

Павел говорит нам о том, что Христос был открыт в нём, чтоб он мог проповедовать Его среди язычников. В «Пересмотренном переводе» (R.V.) слово «язычники» имеет другой аналог, но разницы между ними нет. Эти два слова в английской Библии взаимозаменяемы, ибо, где бы они оба ни встречались, они переведены от одного и того же греческого слова, если говорить о Новом завете, и от соответствующего древнееврейского слова, если говорить о книгах Ветхого Завета. Давайте рассмотрим несколько примеров.

В 1-м Послании к Коринфянам (12:2) мы читаем: «Знаете, что когда вы были язычниками, то ходили к безгласным идолам, так, как бы вели вас». Это и есть то самое слово, переведённое как язычники, и сам текст показывает, что язычники – это те, кто поклоняется идолам. (Эти два слова в английском языке – «Gentiles» и «heathen» – Старый (KJV) и «Пересмотренный перевод»). Заметьте, что коринфяне, которые ранее «были язычниками», перестали быть таковыми, когда стали христианами.

Послание к Ефесянам (2:11, 12) гласит: «Итак помните, что вы, некогда язычники по плоти, которых называли необрезанными так называемые обрезанные плотским обрезанием, совершаемым руками, что вы были в то время без Христа, отчуждены от общества Израильского, чужды заветов обетования, не имели надежды и были безбожники в мире». Воистину, быть язычником означает быть в далеко незавидном состоянии.

Мы узнаём о том, что «Бог первоначально призрел на язычников, чтобы составить из них народ во имя Своё» (Деяния 15:14). Иаков ссылается на верующих в Антиохии и в других местах как на тех, кто «обратился к Богу из язычников». Божий народ тоже взят из среды язычников, но, выйдя оттуда, они перестали быть язычниками. Авраам, отец Израиля, был взят из среды язычников (Иисус Навин 24:2), и поэтому весь Израиль взят из языческой среды. Так и «весь Израиль спасётся», когда «войдёт полное число язычников» (Римлянам 11:25, 26).

Второй псалом (стихи 1-3) мы можем смело читать так: «Зачем мятутся язычники, и племена замышляют тщетное? Восстают цари земли, и князья совещаются вместе против Господа и против Помазанника Его (то есть против Христа, ибо слово Христос означает «помазанный»), говоря: «Расторгнем узы их, и свергнем с себя оковы их». Как часто мы видим исполнение этих слов в случае с теми людьми, которые с триумфальным торжеством восклицают: «Покажите мне место Писания, в котором язычники призываются соблюдать десять заповедей!», имея ввиду что они язычники, и поэтому могут отбросить от себя законы Божьи. Поступая так, они сами себя причисляют к весьма жалкому классу людей. Это правда, что язычники не призваны соблюдать заповеди Божьи как язычники, ибо это невозможно; но как только они принимают Христа, а вместе с Ним и «закон Духа жизни» в Нём, они тут же прекращают быть язычниками. Насколько сильно Бог желает спасти людей от их языческого состояния, видно из того, что Он послал им апостола Павла (не говоря уже о Христе), чтобы привести их к Себе.

Пророк для язычников

В этой связи следует отметить, что Бог также желал обращения язычников три тысячи лет назад, как Он желает этого сегодня. Евангелие проповедовалось язычникам как перед первым пришествием Христа, так и после него. Павел был не первым из тех, кто проповедовал евангелие язычникам после Христа, хотя он и был послан именно к ним. Он был известен как апостол язычников, но всё же, куда бы он ни приходил, сначала он проповедовал иудеям, и делал это так долго, как долго они его слушали. Так было и до пришествия Христа. Разными способами Бог провозглашал о Себе среди всех народов, но Иеремия был особым образом избран пророком для служения язычникам. В книге Иеремии (1:5) мы читаем: «Прежде нежели Я образовал тебя во чреве, Я познал тебя, и прежде нежели ты вышел из утробы, Я освятил тебя: пророком для народов поставил тебя». Древнееврейское слово, переведённое здесь как «народы» – это то же самое слово, которое обычно переводится как «язычники». «Для чего мятутся язычники?» (Псалтирь 2:1). «Провозгласите об этом между язычниками, приготовьтесь к войне» и так далее. «Спешите и сходитесь, все язычники» (Иоиль 3:9-11). Слово «язычники» в этих текстах – это то же самое слово, что и слово «народы» в книге Иеремии (1:5). В этом можно убедиться, сравнивая старый перевод Библии с «Пересмотренным» (R.V.). Итак, Господь сказал Иеремии: «Я освятил тебя: пророком для народов поставил тебя». Пусть никто никогда не заявляет о том, что Бог когда-либо, в какую бы то ни было эпоху, ограничивал свет своей истины каким-либо народом, хоть иудейским, хоть языческим. «Здесь нет различия между Иудеем и Еллином, потому что один Господь у всех, богатый для всех, призывающих Его» (Римлянам 10:12).

Проповедь новообращённого

Как только Павел обратился, он «тотчас стал проповедывать в синагогах об Иисусе» (Деяния 9:20). Разве это было не удивительно, что он сразу же стал способным проповедовать так успешно? Да, это и в самом деле было изумительно – также изумительно, как и то, что любой человек может проповедовать Христа. Тот факт, что любой человек может проповедовать Христа истинно и успешно, представляет собой такую же тайну, что и Христос, пришедший во плоти. Но пусть никто не думает, что Павел получил все эти знания моментально, без всяких исследований. Помните, что он всю свою жизнь был прилежным исследователем Писаний. Многие раввины могли на память прочесть большую порцию или же все книги древнееврейских писаний, и мы можем быть уверены в том, что Павел, преуспевший в этом более всех своих сверстников, был настолько знаком со словами Библии, насколько школьник-отличник знаком с таблицей умножения. Однако его ум был ослеплён традициями отцов, которыми он в то же самое время был введён в заблуждение. Слепота, постигшая его в момент сильного ослепления светом на пути в Дамаск, была всего лишь отражением состояния его ума. Она символизировала собой сияние Слова в нём самом, и рассеяние тьмы традиций. Случай обращения Павла сильно отличался от обращения человека, который никогда не читал и не исследовал Библию. Последний, конечно же, может рассказать о том, что Христос сделал для него, и тем самым он принесёт много пользы; но он нуждается в серьёзном изучении Писаний, чтобы стать способным совершенным образом открыть людям путь жизни, ведя их дорогой праведности.

Павел в Аравии

Многие думают, что свои изумительные откровения Павел получил в Аравии, когда он был «взят на небо», где он слышал «неизреченные слова, которых человеку нельзя пересказать». Такое могло случиться, хотя его видения небесных реалий ни в ком случае нельзя отнести только к этому времени. Всю свою жизнь он имел общение с небесами, и мы можем быть уверенными в том, что «небесные видения» никогда его не оставляли. И поскольку проповедь была делом всей его жизни, мы также можем быть уверены в том, что он не провёл все те месяцы в Аравии только в исследовании и в размышлениях. Он был ранее таким суровым гонителем, и получил так много благодати Божьей, что он считал полностью потерянным время, в которое он не мог открывать эту благодать другим. «Горе мне, если я не проповедую евангелие» – это его слова. Он проповедовал в синагогах в Дамаске сразу же после своего обращения, прежде чем отправиться в Аравию; поэтому естественным выводом является заключение о том, что он проповедовал евангелие и арабам. Он мог проповедовать там без противодействия, которое он всегда имел со стороны иудеев, и поэтому его труды не сильно помешали бы его размышлениям над новыми горизонтами, которые ему только что открылись.

Гонитель проповедует

Да, и в самом деле изумительно было слышать о том, что «гнавший их некогда ныне благовествует веру, которую прежде истреблял». Имея пример Савла из Тарсиса, пусть никто не смотрит ни на одного противника Евангелия как на неисправимого. Тех, кто противится, необходимо наставлять с кротостью, ибо, кто знает, не даст ли им Бог покаяния к познанию истины? О Павле тоже кто-то мог сказать: «Он получил весь свет, который только мог получить. Он имел все возможности. Он не только слышал вдохновенные свидетельства Стефана, но и слышал исповедания многих умиравших мучеников. Он – ожесточённый негодяй, от которого бесполезно ожидать чего-либо доброго». И тем не менее, этот самый Савл стал величайшим проповедником Евангелия, в такой же степени влиятельным апостолом, в какой был в своё время гонителем. Вам досаждает какой-то злобный противник истины? Не боритесь с ним, и не осуждайте его. Позвольте ему остаться со всей своей горечью и противлением один на один. Вы же, тем временем, придерживайтесь Слова Божьего и молитесь. И, возможно, очень скоро Бог, который хулится этим человеком, прославится в нём же.

Прославление Бога

«И они прославляли Бога во мне». Насколько же ярко случай Павла отличался от ситуации с теми людьми, которым он писал: *из-за вас ... имя Божие хулится у язычников* (Римлянам 2:24, KJV)! Каждый, называющий себя последователем Божьим должен быть инструментом прославления Его имени, и всё же многие содействуют тому, что это имя хулится. Если имя Божье хулится «из-за нас», то это также скверно, как если бы мы сами были явными богохульниками. Как же мы можем прославить

Его имя? – «Так да светит свет ваш пред людьми, чтобы они видели ваши добрые дела и прославляли Отца вашего Небесного» (От Матфея 5:16).

Резюме

А сейчас сделаем краткий обзор всей главы целиком.

Приветствие, включающее в себя первые пять текстов, называет нам имя и призвание автора данного послания, а также его полномочия. Мимоходом оно отмечает факт божественности Христа. Сообщается также о благословении от Бога Отца и от Его Сына, Иисуса Христа. Христос отдал Себя за наши грехи, – то есть купил их, – чтобы таким образом избавить нас от современного лукавого мира. Наши грехи и есть то, из чего состоит «настоящий лукавый мир». Наши грехи принадлежат Христу, а не нам. Поэтому силой Его смерти и воскресения, благодаря тому, что Он отдал Себя за наши грехи, мы можем быть ограждены от них. Воля Божья заключается в том, чтобы спасти нас, и поэтому не может быть никаких сомнений в том, что мы приняты Богом. Богу принадлежит слава, потому что Его «есть царство и сила».

Следующие два текста показывают нам состояние церкви в Галатии во время написания этого послания, и таким образом мы узнаём о причинах, по которым это послание было написано. Галатийские христиане отступали от Бога. Их уводили те, кто извращал евангелие Христово, проповедуя поддельное евангелие вместо одного-единственного евангелия, которое «есть сила Божья ко спасению всякому верующему». Поразительность этой ситуации похожа на ту, которая изложена в книге Иеремии (2:12, 13): «Подивитесь сему, небеса, и содрогнитесь, и ужаснитесь, говорит Господь. Ибо два зла сделал народ Мой: Меня, источник воды живой, оставили, и высекли себе водоёмы разбитые, которые не могут держать воды».

В следующих двух текстах (8-м и 9-м) мы находим проклятие, изречённое на всякого человека, – даже если этот человек – сам апостол, или ангел с неба, – который будет учить иному евангелию, отличному от проповедуемого Павлом. Это и показывает всю серьёзность ситуации. Галатийские братья попали под это проклятие из-за проклятых учителей, которые преподавали им ложное евангелие.

Следом за этим, в стихах с 10-го по 12-й апостол называет себя рабом Христовым, потому что он желал угодить только Богу, а не людям. Проповедники, совращающие души людей, проповедовали им приятное, или то, что гармонирует с человеческой природой, чтобы увлечь учеников за собой; Павел же проповедовал только ясные истины от Бога, которые он принял не от людей, и не через людей, а прямо с небес.

И, наконец, мы знакомимся с началом небольшого рассказа о его личном опыте. Этот рассказ продолжается более, чем до половины второй главы. В этой истории Павел сообщает о своей жизни до своего обращения, в то время, когда он преследовал церковь; он упоминает своё обращение, которое состояло в откровении Христа в нём; объясняет причины своего призвания, открывает, насколько быстро он отозвался на этот призыв; и, наконец, он показывает полное отсутствие возможностей узнать о евангелии от апостолов и братьев, которые веровали во Христа до него, даже если бы он этого и желал, ибо он не имел связи с ними долгие годы после своего обращения. Сила этого свидетельства станет более явной по мере наших дальнейших исследований.

Глава 2

Жизнь верой Христовой. Истина евангелия

Без сомнения, многие читают эту небольшую книгу не просто из любопытства, чтобы узнать о мнении ещё одного человека в отношении Послания к Галатам, но в поисках помощи в понимании этой весьма обсуждаемой порции Священного Писания. К каждой из таких душ я хотел бы обратиться лично, перед тем, как мы продолжим наше изучение. Каждый отрывок Писания связан со всеми остальными текстами; и как только мы полностью прояснили какой-то вопрос, усвоив его хорошенько, он становится частью нас и помогает нам в дальнейшем получении знаний, точно как каждый кусочек пищи, принятый нами, помогает нам в наших ежедневных трудах для хлеба насущного. Поэтому, если мы будем правильно изучать Послание к Галатам, перед нами откроется широкая дверь к пониманию всей Библии.

Путь познания истины очень прост, настолько прост, что многие им пренебрегают. Этого, однако не следует делать, ибо, несмотря на многочисленные возражения, существует ...

Царский путь познания,
доступный для всех. Вот как звучат наставления, данные нам царём, который наилучшим образом доказал правильность этого пути:

> Сын мой! Если ты примешь слова мои и сохранишь при себе заповеди мои, так что ухо твоё сделаешь внимательным к мудрости и наклонишь сердце твоё к размышлению; если будешь

призывать знание и взывать к разуму; если будешь искать его, как серебра, и отыскивать его, как сокровище, то уразумеешь страх Господень и найдёшь познание о Боге. Ибо Господь даёт мудрость; из уст Его *исходят* знание и разум (Притчи 2:1-6, KJV).

Бог явился Соломону во сне и пообещал дать ему мудрость, однако эта мудрость пришла к нему не в праздных мечтаниях. С Соломоном не случилось так, что он отправился вечером спать, а утром проснулся самым мудрым человеком из всех когда-либо живших на земле. Он стремился к познаниям так сильно, что и в самом деле видел об этом сны по ночам, однако днём он проявлял немало стараний для успеха в этой сфере. Приведённый текст из Писания сообщает нам о его опыте.

Мудрость и всевозможные знания содержатся в Слове Божьем; и если вы желаете понять Слово Божье, вы должны изучать его. Ни один человек на земле не сможет передать вам свои познания. Вам могут помочь, передавая свой опыт, так что для приобретения необходимой мудрости вам потребуется не так много времени, как другим; вас могут направить, подсказать вам, как вам действовать и где искать; но всякое истинное знание каждый человек должен приобрести сам для себя. Когда вы сами тысячу раз прошли по одному и тому же пути, вы знаете каждый его поворот, сколько бы этих поворотов там ни было, и вы можете видеть весь путь целиком в вашем уме. Так и при многократном размышлении над каким-то текстом из Писания вы в конце концов сможете увидеть весь данный отрывок целиком, а также каждое отдельное его предложение с одного только взгляда. И тогда, имея такую способность к созерцанию данного текста, вы сможете увидеть в этом отрывке то, что ни один человек на земле вам не сможет показать.

Бесполезно пытаться понять отдельное предложение, которое отличается своей сложностью, не учитывая его связь с остальным текстом. Если бы я показал вам письмо, и, указывая на предложение в конце листа, спросил у вас о том, что имеет ввиду его автор, вы бы сразу сказали: «А о чём говорится в этом письме вообще? Что автор пишет перед этим?» И если бы я не пожелал открывать вам тему этого послания, если бы не позволил вам прочесть его с самого начала, вы бы сказали: «Тогда я ничем не могу помочь». Но если бы я, вместе с просьбой помочь мне понять это сложное предложение, вручил бы всё это письмо вам в руки, то вы бы сначала внимательно прочли это письмо с самого начала, стараясь понять всё, что вы читаете, а затем, учитывая всё, что предшествовало этому сложному предложению, имея всю предыдущую информацию в своём уме, постарались бы понять и само предложение. С таким же разумным подходом нам следует исследовать и Библию.

Поэтому каждому из вас я говорю: Изучайте сам библейский текст слово за словом. Проходите его таким образом снова и снова; и каждый раз, когда вы начинаете изучение новой порции, возвращайтесь в самое начало и пересматривайте всё, что вы уже прошли. Это и есть «царский метод», который приносит царские результаты.

Первая глава Послания к Галатам даёт нам краткое и довольно ёмкое представление о евангелии, о состоянии галатийских братьев, и о личном опыте Павла. Вторая глава повествует о той встрече, которая произошла в Иерусалиме спустя семнадцать лет после обращения Павла. Она также сообщает нам о самой сути противостояния, и об отношении Павла к этой борьбе. Единственной задачей апостола было сохранение «истины евангельской» среди братьев. Имея в памяти содержание первой главы, мы продолжим изучать вторую, помня о том, что она является всего лишь продолжением первой.

> Потом, через четырнадцать лет, опять ходил я в Иерусалим с Варнавою, взяв с собою и Тита. Ходил же по откровению, и предложил там, и особо знаменитейшим, благовествование, проповедуемое мною язычникам, не напрасно ли я подвизаюсь или подвизался. Но они и Тита, бывшего со мною, хотя и Еллина, не принуждали обрезаться, а вкравшимся лжебратиям, скрытно приходив-

шим подсмотреть за нашею свободою, которую мы имеем во Христе Иисусе, чтобы поработить нас, мы ни на час не уступили и не покорились, дабы истина благовествования сохранилась у вас. И в знаменитых чем-либо, какими бы ни были они когда-либо, для меня нет ничего особенного: Бог не взирает на лице человека. И знаменитые не возложили на меня ничего более. Напротив того, увидев, что мне вверено благовестие для необрезанных, как Петру для обрезанных, – ибо Содействовавший Петру в апостольстве у обрезанных содействовал и мне у язычников, – и, узнав о благодати, данной мне, Иаков и Кифа и Иоанн, почитаемые столпами, подали мне и Варнаве руку общения, чтобы нам идти к язычникам, а им – к обрезанным, только чтобы мы помнили нищих, что и старался я исполнять в точности.

Когда же Пётр пришёл в Антиохию, то я лично противостал ему, потому что он подвергался нареканию. Ибо, до прибытия некоторых от Иакова, ел вместе с язычниками; а когда те пришли, стал таиться и устраняться, опасаясь обрезанных. Вместе с ним лицемерили и прочие Иудеи, так что даже Варнава был увлечён их лицемерием. Но когда я увидел, что они не прямо поступают по истине евангельской, то сказал Петру при всех: если ты, будучи Иудеем, живёшь по-язычески, а не по-иудейски, то для чего язычников принуждаешь жить по-иудейски? Мы по природе Иудеи, а не из язычников грешники; однако же, узнав, что человек оправдывается не делами закона, а только верою в Иисуса Христа, и мы уверовали во Христа Иисуса, чтобы оправдаться верою во Христа, а не делами закона; ибо делами закона не оправдается никакая плоть. Если же, ища оправдания во Христе, мы и сами оказались грешниками, то неужели Христос есть служитель греха? Никак. Ибо если я снова созидаю, что разрушил, то сам себя делаю преступником. Законом я умер для закона, чтобы жить для Бога. Я сораспялся

Христу, и уже не я живу, но живёт во мне Христос. А что ныне живу во плоти, то живу верою в Сына Божия, возлюбившего меня и предавшего Себя за меня. Не отвергаю благодати Божией; а если законом оправдание, то Христос напрасно умер (Послание к Галатам, 2-я глава, «Пересмотренный перевод» – R.V.).

Второй визит Павла в Иерусалим

«Через четырнадцать лет», если следовать написанному, означает через четырнадцать лет после своего первого визита, о котором сказано в 1-й главе (18-й стих), и который, следовательно, состоялся спустя три года после его обращения. Этот второй визит Павла в Иерусалим случился приблизительно в 51-м году после рождества Христова, что совпадает с датой Иерусалимского собора, описанного в 15-й главе книги Деяний. К этому собору, к причинам созыва этого собора, и к результатам этого собора имеет прямое отношение вторая глава Послания к Галатам. Поэтому при чтении этой главы необходимо понимать и помнить написанное в 15-й главе книги Деяний.

Новое евангелие

В первой главе Послания к Галатам (стихи 6-й и 7-й) мы узнаём, что кто-то смущал этих братьев, искажая евангелие Христово, возвещая ложное евангелие, и выдавая его за истинное благовестие. В 15-й главе книги Деяний (1-й стих) мы читаем о том, что «некоторые, пришедшие из Иудеи, учили братьев: если не обрежетесь по обряду Моисееву, не можете спастись». Это и было, как мы видим, «иным евангелием» (которое, впрочем, было не иное, ибо существует только одно евангелие), а только выдавалось за истинное евангелие, и навязывалось братьям в качестве истинного благовестия. Люди, принесшие это учение, называли себя проповедниками евангелия. Это ясно показывает тот факт, что они говорили людям о том, что тем нужно делать, чтобы спастись. Павел и Варнава нисколько не принимали этого нового учения, а наоборот, противостояли ему, чтобы, как Павел сообщает галатам, «истина благовествования сохранилась у вас» (Галатам

2:5). Апостолы имели «разногласие и немалое состязание» с ними (Деяния 15:2). Это противостояние было немалым, но оно представляло собой борьбу между истинным евангелием и его подделкой. Этот вопрос имел жизненно важное значение для этих новообращённых, и имеет не меньшее значение для нас сегодня, поскольку напрямую относится к нашему спасению.

Отвержение Христа

Одного взгляда на опыт церкви в Антиохии после того, как в неё привнесли это новое «евангелие», достаточно, чтобы увидеть: они самым натуральным образом отвергли спасающую силу Христа. Евангелие было открыто им братьями, которые были рассеяны в результате преследования, наступившего со смертью Стефана. Эти братья пришли в Антиохию, «благовествуя Господа Иисуса. И была рука Господня с ними, и великое число, уверовав, обратилось к Господу» (Деяния 11:19-21). Затем апостолы послали Варнаву им в помощь, и он, «прибыв и увидев благодать Божию, возрадовался и убеждал всех держаться Господа искренним сердцем; ибо он был муж добрый и исполненный Духа Святого и веры. И приложилось довольно народа к Господу» (стихи 22-24). Затем Варнава нашёл Павла, и вместе они трудились в церкви в Антиохи более года (стихи 25-26). В этой церкви были и пророки и учителя, и когда они служили Господу и постились, Дух Святой обратился к ним, повелев им отделить Варнаву и Савла на дело, к которому Он их призвал (Деяния 13:1-3). Мы видим, что эта церковь имела глубокий опыт с Богом. Они знали Господа и были знакомы с влиянием Святого Духа, который засвидетельствовал им о том, что они являются детьми Божьими. И теперь, после всего этого уникального опыта, другие люди пришли и начали говорить им: «если не обрежетесь по обряду Моисееву, не можете спастись». Это было равнозначно высказыванию: «Вся ваша вера во Христа, все свидетельства Духа – всё это ничто без знака обрезания». Знак обрезания, не дающий веры, был превознесён над верой во Христа, которая не нуждается ни в каких внешних знаках. Такое новое «евангелие» было самой прямой атакой на евангелие, и самым явным отвержением Христа.

«Лжебратья»

Неудивительно, что Павел назвал проповедовавших это учение «лжебратьями», которые, согласно выражению в датском переводе, «прокрались» (Галатам 2:4). О них он писал галатам в первой главе: «люди, смущающие вас и желающие исказить благовествование Христово» (Галатам 1:7). Апостолы и старейшины в своём письме к церквам выразились об этих людях так: «некоторые, вышедшие от нас, смутили вас своими речами и поколебали ваши души, ... » (Деяния 15:24). Далее они добавили: «чего мы им не поручали» (24-й стих). Это значит, что данные учителя были «лжебратьями», которые не признавались апостолами в качестве учителей, и которые «говорят превратно, дабы увлечь учеников за собою». С того времени таких людей было много. Их влияние было настолько пагубным, что апостол сказал: «Да будут они прокляты». Они настойчиво подрывали основы евангелия Христова, и таким образом губили души братьев.

«Знак обрезания»

Эти лжебратья говорили: «Если не обрежетесь по обряду Моисееву, не можете спастись», что буквально означало: «Вы не имеете силы ко спасению». Они сделали спасение исключительно человеческим делом, успех которого зависит только от прикладывания человеческих усилий. Они не имели представления о том, что такое настоящее обрезание. «Ибо не тот Иудей, кто таков по наружности, и не то обрезание, которое наружно, на плоти; но тот Иудей, кто внутренно таков, и то обрезание, которое в сердце, по духу, а не по букве: ему и похвала не от людей, но от Бога» (Римлянам 2:28, 29). Было время, когда Авраам, который уже верил в Бога, послушался голоса Сарры вместо голоса Божьего, и пытался исполнить обещания Бога силой своей собственной плоти (смотри 16-ю главу книги Бытие). Результат был плачевным – родился раб вместо наследника. И тогда Бог снова явился ему, наставляя его ходить перед Богом в чистоте сердца, и повторяя Свой завет. И в напоминание о его неудаче, а также о том факте, что «плоть не приносит никакой пользы», Авраам принял «знак обрезания» – обрезание плоти. Это показывало, что, поскольку во плоти «не живёт ничто доброе», то обещания Божьи могут исполниться только «совлечением греховного тела плоти» посредством Духа. «Потому что обрезание – мы, служащие Богу духом и хвалящиеся Христом Иисусом, и не надеющиеся на плоть вовсе» (Филиппийцам 3:3). Поэтому, как только Авраам принял Духа через веру в Бога, он уже был обрезан подлинным обрезанием. «И знак обрезания он получил, как печать праведности через веру, которую имел в необрезании» (Римлянам 4:11). То «обрезание, которое наружно, на плоти» никогда не было ничем большим, чем просто знаком истинного обрезания сердца. И когда внутреннее обрезание отсутствовало, то внешнее было всего лишь подделкой; но когда реальное обрезание сердца присутствовало, то без внешнего знака можно было и обойтись. Авраам «стал отцом всех верующих, включая и необрезанных». «Лжебратья», посетившие церковь в Антиохии, чтобы совратить души галатийских братьев, а также те, кто совращал их позже, искажая евангелие Христово, подменяли реальность пустым знаком. Для них скорлупа ореха, не имеющего ядра, означала больше, чем ядро без скорлупы.

«Плоть не приносит никакой пользы»

Иисус сказал: «Дух животворит; плоть не пользует нимало. Слова, которые говорю Я вам, суть Дух и жизнь» (От Иоанна 6:63). Жители Антиохии и Галатии доверились Христу в вопросе своего спасения; а затем появились те, кто склонял их довериться плоти. Им стали говорить отнюдь не о том, что им можно грешить. О, нет! Им сказали о том, что они должны соблюдать закон! И делать это они должны были сами. Они должны были сделать себя праведными в отрыве от Иисуса Христа. Ведь обрезание было знаком соблюдения закона. Истинное обрезание заключалось в том, что закон записывался в сердце Духом; но эти «лжебратья» советовали верующим довериться внешней форме обрезания как заменителю работы Духа. Таким образом, то, что было дано как знак праведности по вере, стало знаком «самоправедности». Лжебратья склоняли их обрезываться для того, чтобы иметь праведность и спасение. Но Пётр сказал: «Но мы веруем, что благодатию Господа Иисуса Христа спасёмся», прямо как Павел написал: «сердцем веруют к праведности, а устами исповедуют ко спасению» (Римлянам 10:10). «А всё, что не по вере – грех» (Римлянам 14:23). Поэтому все попытки людей соблюдать закон Божий своей собственной силой, независимо от того, насколько они искренни и ревностны, всегда будут иметь своим результатом несовершенство и грех. «Вся праведность наша – как запачканная одежда» (Исаия 64:6).

«Иго рабства»

Когда этот вопрос был поднят в Иерусалиме, Пётр сказал тем, кто склонял людей искать оправдания в своих делах, а не в вере во Христа: «Что же вы ныне искушаете Бога, желая возложить на шеи учеников иго, которого не могли понести ни отцы наши, ни мы?» (Деяния 15:10). Это иго было игом рабства, как показано в словах Павла о проникновении «вкравшихся лжебратьев», «приходивших подсмотреть за нашею свободою, которую мы имеем во Христе Иисусе, чтобы поработить нас» (Галатам 2:4). Христос даёт свободу от греха. Его жизнь – это «совершенный закон свободы». «Закон приносит познание греха» (Римлянам 3:20), а не свободу от греха. «Закон свят, и заповедь свята и праведна и добра» (Римлянам 7:12) просто потому, что закон даёт познание греха, осуждая этот грех. Это указатель, который указывает путь, но не ведёт нас по нему. Он может сказать нам о том, что мы сбились с пути; но только Иисус Христос может вернуть нас на этот путь и вести по нему, ибо Он есть Путь. Грех – это рабство (Притчи 5:22). Только те, кто соблюдает заповеди Божьи, свободны (Псалтирь 118:45), а заповеди можно соблюдать только верой во Христа (Римлянам 8:3, 4). Поэтому любой, склоняющий людей полагаться в своём стремлении к праведности на закон, а не на Христа, просто надевает им на шею иго, обрекая их таким образом на рабство. Когда закон обвиняет человека, совершившего преступление, и отправляет его в тюрьму, то осуждённый преступник уже не может освободиться от своих оков с помощью закона, который держит его там взаперти. Но закон в этом не виноват. Закон не может объявить виновного оправданным именно потому, что «закон свят». Так и эти галатийские братья были увлечены в рабство людьми, которые напрасно и глупо пытались возвышать закон Божий, отвергая Того, Кто дал этот закон, и пренебрегает Тем, в Ком Одном можно найти праведность.

Почему Павел пошёл в Иерусалим

Запись в книге Деяний свидетельствует о том, что в Антиохии было принято решение отправить Павла и Варнаву с некоторыми другими братьями в Иерусалим с этим вопросом. Но Павел объявляет о том, что он пошёл туда «по откровению» (Галатам 2:2). Павел пошёл не только по рекомендации братьев. Он был движим тем же Духом, что и они. Он отправился туда не для того, чтобы узнать об истине евангелия, а для того, чтобы сохранить эту истину. Он пошёл не проверить истинность евангелия, а возвещать это евангелие, которое он проповедовал среди язычников. И «знаменитые не возложили на него ничего более». Он нисколько не сомневался в том, что проповедовал уже целых семнадцать лет. Он знал, в Кого уверовал. Евангелие он принял вовсе не от людей, и поэтому не нуждался в свидетельстве какого-либо человека в пользу истинности этого евангелия. Подтверждение человеком того, что сказал Сам Бог – не более чем дерзость. Господь знал, что братья в Иерусалиме нуждались в его свидетельстве. Новообращённые тоже должны были увидеть: Тот, кого послал Бог, говорит слова Божьи, и поэтому все братья говорили одно и то же. Они также должны были убедиться в том, что они обратились от своих богов к Единому Богу, и что истина одна, а евангелие едино для всех людей.

Евангелие, а не волшебство

Данный опыт, о котором Павел поведал галатам, преподаёт великий урок: В этом мире нет ничего такого, что может наделить людей благодатью и праведностью. В этом мире не существует такого дела, которое принесло бы спасение какому-то человеку, сделавшему это дело. Евангелие – это сила Божья ко спасению, а не сила человеческая. Любое учение, которое ведёт людей к доверию чему бы то ни было (будь то объект, или образ, или картина, или что-либо ещё), или которое ведёт людей к доверию своим собственным усилиям (даже если эти усилия направлены на самые возвышенные цели), – такое учение является искажением евангельской истины, или ложным евангелием. В церкви Христовой не существует таких «таинств», которые посредством некоего магического действия передают какую-то особую благодать принимающим эти таинства. Существуют только такие обряды, которые человек, верующий в Господа Иисуса Христа, и таким образом получающий оправдание и спасение, может совершать как выражение своей веры. Единственное, что имеет какую-то силу для спасения в этом мире – это жизнь от Бога во Христе. «Ибо благодатью вы спасены через веру, и сие не от вас, Божий дар: не от дел, чтобы никто не хвалился. Ибо мы – Его творение, созданы во Христе Иисусе на добрые дела, которые Бог предназначил нам, чтобы мы ходили в них» (Ефесянам 2:8-10). Это и есть «истина евангельская», которую Павел отстаивал. Это и есть евангелие для всех времён.

Галаты и евангелие

В этой главе апостол сообщает, что он противостал ложному учению, которое стало уводить в заблуждение галатийских братьев. Он поступил так для того, чтобы «истина благовествования» сохранилась у них. Сравните это с его предисловием в первой главе, и с его страстными увещеваниями относительно евангелия, которые он преподавал им, и с его изумлением по поводу того, что они теперь оставляли это евангелие, и вам станет ясно, что данное послание должно содержать ничто иное как само евангелие в его самой сильной форме выражения.

Многие неверно поняли это евангелие, и поэтому не получили от него никакой пользы, потому что они стали считать это евангелие всего лишь дополнением к «делам закона», против которых Павел предупреждал братьев.

Никакой монополии на истину

«И в знаменитых чем-либо, какими бы ни были они когда-либо, для меня нет ничего особенного: Бог не взирает на лицо человека». Не существует такого человека, или собрания людей на земле, которые имели бы монополию на истину. Нет такого «краеугольного камня», так сказать, к которому должен обратиться любой желающий познать истину. Истина не зависит от людей. Истина исходит от Бога, ибо Христос, «будучи сиянием славы Его, и образом ипостаси Его» (Евреям 1:3), и есть Истина (От Иоанна 14:6). Всякий познающий истину должен принять её так же, как Павел принял евангелие – от Бога, а не от какого-либо человека. Бог может использовать и использует людей в качестве инструментов, или каналов, но только Он один является Подателем. Никакие имена и никакое количество людей не имеют никакого отношения к определению истины. Истина не становится более могущественной, и не принимается с большей готовностью, возвещаемая десятью тысячами князей, чем когда она отстаивается одним смиренным тружеником. И десять тысяч хранителей истины не обладают большей убедительной силой, чем один человек. Каждый человек на земле может обладать ровно таким количеством истины, которое он желает использовать, и не больше. (Смотри От Иоанна 7:17; 12:35, 36). Любой, кто, подобно папе, вознамерится создать монополию на истину, чтобы заставить людей приходить за этой истиной, раздавая её в одном месте, и ограничивая доступ к ней в другом месте, теряет даже ту истину, которую он когда-либо имел, если он, конечно имел её. Истина и папство несовместимы. Ни один папа, или любой другой человек с папской идеологией, не имеет истины. Как только человек принимает истину, он тут же прекращает быть «папой». Если папа римский обратится, и станет учеником Христа, то в тот же час он освободит папский трон.

Количество не всегда означает качество

Точно также, как не существует человека, имеющего монополию на истину, так не существует и мест на земле, куда людям необходимо было бы идти для того, чтобы найти её. Братья в Антиохии не должны были идти в Иерусалим для того, чтобы познать истину, или убедиться в истинности того, что они уже знали. Тот факт, что истина начала возвещаться в определённом месте, не доказывает того, что истину теперь можно найти только там, или что истину вообще можно там найти. Следует отметить, что как раз в тех городах, где евангелие проповедовалось в первых столетиях по вознесении Христа (Иерусалим, Антиохия, Рим, Александрия и другие) меньше всего следовало бы ожидать возможностей познать истину. Павел не ходил в Иерусалим к предшествующим ему апостолам, а сразу же начал проповедовать.

Папство появилось отчасти таким образом: Было решено, что в тех местах, где проповедовали апостолы, или некоторые из них, можно найти истину в её чистоте, и что все люди должны находить истину там. Было также принято считать, что городские жители знают больше об истине, чем жители окрестностей и деревень. Таким образом все епископы уже перестали считаться равными, как это было в начале. Вскоре так называемые «сельские епископы» (по-гречески «хорепискополой») стали считаться вторичными по отношению к тем, кто служил в городах. И когда дух этого разделения проник в церковь, конечно же, следующим шагом была неизбежная борьба между городскими епископами в борьбе за право называться старшим епископом. Нечестивые препирательства продолжались до тех пор, пока Рим не заполучил свою желанную позицию верховной власти.

Но Иисус родился в Вифлееме, в месте, которое называлось «малым между тысячами иудиными» (Михей 5:2). Он почти всю жизнь прожил в Назарете, небольшом городке с такой скверной репутацией, что человек, в котором не было лукавства, сказал: «Может ли из Назарета быть что доброе?» (От Иоанна 1:45-47). Позже Иисус поселился в зажиточном городе Капернаум, но всегда назывался «Иисусом из Назарета». Небеса находятся не дальше от самой маленькой деревни или даже самой маленькой хижины в поле, чем от величайшего города, или от епископского дворца. И Бог, «Высокий и Превознесённый, вечно Живущий, – Святый имя Его ... живёт с сокрушёнными и смиренными духом» (Исаия 57:15).

Внешность ничего не значит

Бог смотрит на то, каким человек является, а не на то, каким он кажется. То, каким он кажется – это мнение людей, которое главным образом зависит от глаз, смотрящих на него. То же, каким он является – это мера власти и мудрости от Бога, которые присутствуют в нём. Для Бога официальные должности ничего не значат. Не должность облекает человека авторитетом, а именно авторитет наделяет его настоящим положением. Многие смиренные, бедные люди на земле, чьи имена никогда не значились в списках официальных должностей, занимали положение более высокое и имели авторитет более величественный, чем все цари земли. Настоящая власть состоит в ничем не стеснённом присутствии Бога в душе.

Действует именно Бог

«Содействовавший Петру в апостольстве у обрезанных содействовал и мне у язычников». Слово Божье живо и действенно (Евреям 4:12). Что бы ни делалось в евангельской работе, какая бы деятельность ни велась – вся она от Бога. Иисус «ходил повсюду, делая добро», «*ибо Бог был с Ним*» (Деяния 10:38, KJV). Он Сам сказал: «Я ничего не могу творить Сам от Себя» (От Иоанна 5:30). «Отец, пребывающий во Мне, Он творит дела» (От Иоанна 14:10). Поэтому Пётр и говорил о Нём как о «Муже, засвидетельствованном от Бога силами и чудесами и знамениями, которые Бог сотворил через Него» (Деяния 2:22). Ученик не больше своего Учителя. Поэтому Павел и Варнава во время встречи в Иерусалиме рассказали о том, «какие знамения и чудеса сотворил Бог через них среди язычников» (Деяния 15:12). Павел объявил о том, что он трудился с целью «представить всякого человека совершенным во Христе Иисусе ... подвизаясь силою Его, действующею в нём могущественно» (Колоссянам 1:28, 29). Этой же самой силой может обладать самый скромный христианин, «потому что Бог производит в вас и хотение и действие по Своему благоволению» (Филиппийцам 2:13). Иисуса назвали «Еммануилом», что значит «Бог с нами». Бог, который был с Иисусом, руководил Им так, что Иисус «ходил повсюду, делая добро». Бог неизменен; поэтому мы, имея Иисуса, «Бога с нами», точно также будем «ходить повсюду, делая добро».

Узнавая этот дар

Братья в Иерусалиме показали свою связь с Богом, признавая благодать, данную Павлу и Варнаве. Когда Варнава впервые пошёл в Антиохию, и увидел благодать Божью, действующую там, он «возрадовался и убеждал всех держаться Господа искренним сердцем; ибо он был муж добрый и исполненный Духа Святого» (Деяния 11:21-24). Те, кто движим Духом Божьим, всегда будут быстро распознавать действия Духа в других людях. Самое надёжное доказательство того, что какой-то человек не знает Духа лично, заключается в том, что он не может распознать Его действий. Другие апостолы имели Духа Святого, и они признали тот факт, что Бог избрал Павла для особой работы среди язычников; и хотя его методы работы отличались от их методов (ибо Бог дал ему особые дары для особой работы), они смело подали ему руку общения и единства, прося только о том, чтобы он помнил нищих из его собственного народа, что он уже с готовностью делал (Деяния 11:27-30). Итак, Павел и Варнава вернулись к своей деятельности в Антиохии.

Совершенное единство

Нам нельзя терять из виду ту цель, которую Павел имел в своём уме, направляясь на встречу в Иерусалиме. Цель заключалась в том, чтобы показать отсутствие различия во мнениях между апостолами и в самой церкви в отношении евангелия. Лжебратья действительно существовали, это правда, но поскольку эти «братья» были ложными, они не были частью церкви, частью самого тела Христова, Который и является Истиной. Многие, называвшие себя христианами, будучи искренними людьми, предполагали, что разногласий в церкви избежать невозможно, и поэтому считали разногласия почти необходимыми. «Все не могут думать одинаково» – слышится отовсюду. Поэтому слова из Послания к Ефесянам (4:13), где сказано о Богом данных дарах «доколе все придём в единство веры», понимаются не так, как должно. Слово Божье здесь имеет в виду, что «в единстве веры и познания Сына Божьего» мы все приходим «в мужа совершенного, в меру полного возраста Христова». Существует только «одна вера» (Ефесянам 4:5), «вера Иисуса», как существует только один Господь; все не имеющие этой веры непременно остаются вне Христа. Не существует никакой необходимости в малейшем разногласии по какому-либо пункту истины. Истина – это Слово Божье, а Слово Божье – это свет; только слепой человек может не заметить ярко сияющего света. Если человек никогда в своей жизни не видел никакого другого ночного источника света, кроме тусклой свечи, это нисколько не помешает ему узнать этот же свет, но сияющий уже от электрической лампы, как только он её увидит. Существуют, без сомнения, различные степени познания, но не существует никакого разночтения между этими различными степенями. Вся истина едина.

Упрёк, высказанный Петру

«Когда же Пётр пришёл в Антиохию, то я лично противостал ему, потому что он подвергался нареканию». Нет необходимости в преувеличении и концентрации на ошибках Петра, или любого другого хорошего человека, потому что это не полезно для нас. Однако нужно знать об этом незыблемом доказательстве того, что Петра никогда не считали «главным среди апостолов», что он таковым никогда не был, и уж тем более, никогда не считал себя папой. Вы только представьте себе какого-то священника, епископа или кардинала, противоставшего папе Лео 13-му в публичном собрании. Такой человек считал бы себя чрезвычайно счастливым, если бы ему удалось чудом спасти свою жизнь от преследований папской охраны за то, что он задумал перечить самопровозглашённому «наместнику Сына Божия». Но Пётр допустил ошибку, потому что он не был непогрешимым, и ошибка эта относилась к главному вопросу учения, и он кротко принял упрёк от Павла, как и должно было поступить искреннему смиренному христианину, каким он и был. Если бы в церкви была такая должность, как видимый глава церкви, то эту должность должен был бы занять не Пётр, а именно Павел, судя по всем сведениям, которые мы имеем. Павел был послан к язычникам, а Пётр – к иудеям; но иудеи составляли только небольшую часть церкви; обращённые из язычников скоро превзошли их числом, так что даже присутствие первых было едва различимым. И все эти христиане были по большей части результатом трудов Павла; они скорее обращались к нему, чем к кому-либо другому, так что Павел мог сказать: «у меня ежедневно стечение людей, забота о всех церквах» (2-е Коринфянам 11:28). Но непогрешимость не может принадлежать ни одному человеку, и сам Павел тоже о ней не заявлял. Величайший из людей в церкви Христовой не проявляет господство даже над самым слабым из её членов. «Один у вас Господь, Иисус Христос, вы же все – братья». «Подчиняйтесь друг другу».

Создавая различия

Когда Пётр был на соборе в Иерусалиме, он рассказал о фактах принятия евангелия язычниками после его проповеди, говоря: «Сердцеведец Бог дал им свидетельство, даровав им Духа Святого, как и нам; и не положил никакого различия между нами и ими, верою очистив сердца их» (Деяния 15:8, 9). Бог не создавал никаких различий между иудеями и язычниками в вопросе очищения сердца, потому что, зная сердца, Он знал, что «нет различия, потому что все согрешили и лишены славы Божией», так что нет никакого другого выхода, кроме как всем «получать оправдание даром, по благодати Его, искуплением во Христе Иисусе» (Римлянам 3:22-24). И всё же, после того, как Господь показал это, после проповеди язычникам, и после того, как он сам был свидетелем сошествия дара Духа Святого на них, как и на уверовавших иудеев, после того, как он принимал пищу с обращёнными из язычников, после успешной защиты своих позиций, после того, как он получил ясное свидетельство на соборе о том, что Бог не положил никакого различия между иудеями и язычниками; и сразу же после того, как он сам отказался от всяких различий, Пётр внезапно, после пришествия «некоторых», которые, по его мнению, не одобрили бы такую свободу, начал «создавать различие». Он «стал таиться и устраняться, опасаясь обрезанных». Это было, как Павел выразился, притворством, и было не только скверно само по себе, но было рассчитано на то, чтобы смутить и ввести в заблуждение учеников. Тот факт, что это было лицемерием (что не вызывает сомнений), только доказывает, что не существовало никакой разницы между этими братьями. В тот момент Петром владел страх, а не вера.

Не по истине евангельской

Волна страха, по-видимому, прошла над верующими из иудеев, ибо вместе с Петром «лицемерили и прочие Иудеи, так что даже Варнава был увлечён их лицемерием». Это было само по себе уже далеко от того, чтобы «поступать прямо по истине евангельской». Однако данное лицемерие было не только оскорблением евангельской истины. Учитывая обстоятельства, мы можем сказать, что это было публичным отречением от Христа в результате внезапно охватившего его душу страха и вины, таким же отречением, которое однажды уже случилось в жизни Петра. Мы тоже нередко совершаем подобный же грех, и поэтому не имеем права его судить; мы можем только признать этот факт и его естественные последствия в качестве предостережения для себя.

Взглянем же на причины того, почему этот поступок Петра был фактическим, хотя и неосознанным отречением от Христа. Только недавно закончилось великое противостояние по вопросу обрезания. Этот вопрос затрагивал само оправдание и спасение — спасается ли человек одной только верою во Христа, или внешними формами религии. Звучали ясные свидетельства о том, что спасение совершается исключительно верой. И сейчас, когда эта тема продолжала вызывать жаркие споры, когда «лжебратья» ещё продолжали распространять свои заблуждения, эти верные братья вдруг отмежевались от верующих из язычников, потому что те были необрезанными, фактически заявляя: «Если вы не обрежетесь, вы не можете спастись». Их поступок говорил: «Мы тоже сомневаемся в способности одной только веры во Христа спасать людей; мы вообще-то ещё верим в то, что спасение зависит от обрезания и от дел закона; вера во Христа – это хорошо, но это не всё, что необходимо делать; самой по себе веры недостаточно». Такого отвержения евангельской истины Павел выдержать не смог, и он тут же возвысил свой голос, обратившись к самой сути вопроса.

«Грешники из язычников», и грешники из иудеев

Павел сказал Петру: «Мы по природе Иудеи, а не из язычников грешники». Имел ли он в виду то, что, будучи иудеями, они не были грешниками? – Ни в коем случае, ибо он тут же сообщает о том, что они уверовали в Иисуса Христа, чтобы оправдаться. Они были грешниками, но грешниками из иудеев, а не грешниками из язычников. Всё, чем они могли хвалиться как иудеи, всё это должно было быть отвергнуто как сор ради Христа. Ничто кроме веры во Христа им не принесло пользы; понимая это, несложно было понять и то, что грешники из язычников могли спастись непосредственно верой во Христа, не проходя через те мёртвые формы, которые не принесли иудеям никакой пользы, и которые по большей части были даны им в результате их неверия.

«Верно и всякого принятия достойно слово, что Христос Иисус пришёл в мир спасти грешников, из которых я первый» (1-е Тимофею 1:15). «Все согрешили», и одинаково виновны перед Богом; но каждый человек независимо от расы и сословия, может усвоить и следующее утверждение: «Этот Человек принимает грешников и ест с ними». Обрезанный грешник не лучше необрезанного. Грешник, который числится членом церкви, не лучше того, кто не записан в её списках. Грешник, прошедший через внешнюю форму крещения, не лучше грешника, который никогда не заявлял о своей религиозной принадлежности. Грех есть грех, и грешники есть грешники, в церкви они находятся или нет; но, слава Богу, Христос есть умилостивление за грехи наши, и не только за наши, но и за грехи всего мира. Надежда есть как для того грешника, кто исповедует свою религию притворно, так и для того грешника, который никогда не обращался ко Христу. То же самое евангелие, которое проповедуется миру, должно проповедоваться и в церкви; ибо существует только одно евангелие, которое обращает как грешников в мире, так и грешников, именующихся членами церкви, и в то же самое время постоянно обновляет тех, кто по-настоящему пребывает во Христе.

«Оправданы»

«Узнав, что человек оправдывается не делами закона», «мы уверовали во Христа Иисуса», сказал апостол. Слово «оправдаться» означает «стать праведным» (по-английски слово «оправдан» звучит как «джастифайд» – прим. пер.). Такой же термин присутствует и в других языках, которые не состоят из заимствованных терминов. На латыни праведность звучит как «джастиция». Быть оправданным (слово «джаст» по английски – прим. пер.) означает быть праведным. К этому слову мы добавляем окончание «фай» («fy»), которое на латыни означает «делать», и получаем точный эквивалент простого понятия «сделать праведным». В общепринятом употреблении мы используем слово «оправдан» по отношению к человеку, который не сделал того, в чём его обвиняют. Но, по сути нашего вопроса, такой человек не нуждается в оправдании, поскольку он уже праведен. Само его праведное поведение оправдало его. Он оправдался своей праведностью. Но поскольку все люди согрешили, то не существует ни одного человека, который был бы праведным перед Богом. Поэтому все люди нуждаются в том, чтобы быть оправданными, то есть стать праведными, что Бог как раз и делает. Закон Божий – это сама праведность (смотри Римлянам 7:12; 9:30, 31; Псалтирь 118:172). Поэтому Павел не упразднял закон, хотя он и провозглашал, что закон не может сделать ни одного человека праведным, имея в виду, конечно же, закон, записанный на камне, или в книге. Наоборот, он настолько высоко ценил закон, что верил во Христа с целью получить праведность, которую закон требует, но не может дать. «Как закон, ослабленный плотию, был бессилен, то Бог послал Сына Своего в подобии плоти греховной, за грех, и осудил грех во плоти, чтобы *праведность* закона исполнилась в нас, живущих не по плоти, но по Духу» (Римлянам 8:3, 4, KJV). Закон, объявляющий всех людей грешниками, не мог оправдать их, кроме как перестав называть грех грехом; но это вовсе не было бы оправданием; это было бы противоречием и конфликтом в самом законе.

Закон не может оправдать

«Делами закона не оправдается никакая плоть». Почему бы не избавиться от закона? – может возникнуть мысль. Так мыслит каждый преступник. Постоянные нарушители закона с радостью избавились бы от закона, который обвиняет их, и который никогда не назовёт зло добром. Но закон Божий не может быть упразднён, ибо он является выражением воли Божьей (Римлянам 2:18). Фактически закон является самой жизнью и характером Бога. «Закон свят, и заповедь свята, праведна и добра» (Римлянам 7:12). Мы читаем записанный закон, и видим в нём свой ясный долг. Но мы этот долг не исполняли; поэтому мы и виновны. «Все согрешили и лишены славы Божьей». «Нет праведного, нет ни одного» (Римлянам 3:23, 12). Более того: требования закона настолько высоки, что никто не имеет силы его исполнить. Поэтому совершенно очевидно, что никто не может оправдаться делами закона. Равно очевидно также и то, что причину следует искать не в законе, а в человеке. Как только человек принимает верой Христа в своё сердце, в этом же сердце появится и праведность закона, ибо Христос сказал: «Я желаю исполнить волю Твою, Боже мой, и закон Твой у меня в сердце» (Псалтирь 39:9). Тот, кто отвергает закон по той причине, что закон никогда не назовёт зло добром, отвергнет и Бога, потому что Бог «*ни в коем случае не оправдает виновного*» (Исход 34:7, KJV). Но Бог желает снять саму вину, желает сделать грешника праведным, то есть, привести его в гармонию с законом, и тогда закон, который прежде осуждал его, будет свидетельствовать о его праведности.

«Вера Иисуса Христа»

Многое теряется из виду во время чтения Писаний, когда мы не воспринимаем текст таким, какой он есть. Здесь, также как и в книге Откровение (14:12) мы читаем о «вере Иисуса». Он является Автором и Совершителем веры (Евреям 12:2, KJV). Бог «*наделил каждого человека мерой веры*» (Римлянам 12:3, KJV), отдавая Христа каждому человеку. «Вера приходит от слышания, а слышание от слова Божия» (Римлянам 10:17). Христос и есть это Слово. «Всё же от Бога». Именно Он даёт покаяние и прощение грехов.

Следовательно, ни один человек не имеет повода жаловаться на слабость своей веры. Он может не принимать и не использовать этот дар, но не существует такого понятия как «слабая вера». Человек, однако, может быть «слабым в вере», то есть, может бояться зависеть от веры, но сама вера также сильна, как и слово Божье. Не существует никакой веры кроме веры Иисуса. Всё остальное, даже называясь верой, является жалкой подделкой. Праведен только Христос; только Он победил мир; и только Он имеет силу для этой победы; в Нём обитает вся полнота Божества, потому что закон, или сущность Самого Бога, была в Его сердце; только Он может соблюсти и соблюдает закон в совершенстве; поэтому только Его верой, – живой верой, то есть, Его жизнью в нас, – мы можем сделаться праведными.

И этого достаточно. Он – «Камень испытанный». Вера, которую Он даёт нам – это Его собственная, испытанная и проверенная вера, и она не подведёт нас ни в каком испытании. Мы призваны не к тому, чтобы пытаться поступать во всём так, как Он поступал, или пытаться проявлять столько же веры, сколько проявлял Он, а к тому, чтобы просто принять Его веру, и позволить ей действовать любовью и очищать сердце. И она сделает это! Только примите её!

Вера – это принятие

«А тем, которые приняли Его, верующим во имя Его, дал власть быть чадами Божиими» (От Иоанна 1:12). То есть, все верующие во имя Его приняли Его. Верить во имя Его означает верить в то, что Он есть Сын Божий; верить в то, что Он есть Сын Божий означает верить в то, что Он пришёл во плоти, в человеческой плоти, в нашей плоти, ибо Ему нарекли имя – «Бог с нами»; итак, верить во имя Его означает просто-напросто верить в то, что Он пребывает лично в каждом человеке – во всякой плоти. Мы не делаем это фактом, веруя в это; этот факт останется фактом независимо от того, верим мы в него или нет; нам нужно просто принять этот факт, о котором нам свидетельствует вся природа.

Из этого следует, что веруя во Христа, мы оправданы верой самого Христа, поскольку мы имеем Его Самого, лично пребывающего в нас, проявляя Свою собственную веру. Вся власть на небе и на земле в Его руках, и, признавая это, мы просто позволяем Ему проявлять Свою собственную силу Своим собственным способом. Бог совершает «несравненно больше» посредством этой «действующей в нас силы».

Христос не является служителем греха

Иисус Христос – «Святой и Праведный» (Деяния 3:14). «Он явился для того, чтобы взять грехи наши, и в Нём нет греха» (1-е Иоанна 3:5). Он не только «не согрешил» (1-е Петра 2:22), но и «не знал греха» (2-е Коринфянам 5:21). Поэтому от Него невозможно получить никакого греха. Он не наделяет грехом. В потоке жизни, который течёт к нам из сердца Христа через Его пронзённый бок, нет ни тени нечистоты. Это «чистая река воды жизни, светлая как кристалл». Он не является служителем греха, то есть Он не передаёт грех никому. Если в ком-то, кто искал (и не только искал, но и нашёл) праведность через Христа, позже был обнаружен грех, то данный грех появился только потому, что сам человек перекрыл этот чистый поток, причиняя тем самым застой. Слову Божьему не было предоставлено свободное место и власть действовать, чтобы оно могло прославиться; а где нет активности и движения, там воцаряется смерть. И никого в этом нельзя винить, кроме этого человека. Пусть ни один человек, называющий себя христианином, не приковывает своё внимание к своим собственным несовершенствам, чтобы затем говорить о невозможности для христианина жить безгрешной жизнью. Для истинного христианина, наоборот, невозможно, имея полную веру, жить какой-то другой жизнью, кроме как святой жизнью. «Мы умерли для греха: как же нам жить в нем?» (Римлянам 6:2). «Всякий, рождённый от Бога, не делает греха, потому что семя Его пребывает в нём; и он не может грешить, потому что рождён от Бога» (1-е Иоанна 3:9). Поэтому «пребывайте в Нём».

Что было разрушено?

«Ибо если я снова созидаю, что разрушил, то сам себя делаю преступником». Мы снова спросим: Что было разрушено? Что необходимо «снова создать», чтобы самого себя сделать преступником? Вспоминая о том, что говорил апостол, упоминая уверовавших в Иисуса Христа с целью оправдаться верою Христовой, мы находим ответ на этот вопрос в Послании к Римлянам (6:6): «Зная то, что ветхий наш человек распят с Ним, чтобы упразднено было тело греховное, дабы нам не быть уже рабами греху». Также в Послании к Колоссянам (2:10, 11): «Вы имеете полноту в Нём, Который есть глава всякого начальства и власти. В Нём вы и обрезаны обрезанием нерукотворённым, совлечением греховного тела плоти, обрезанием Христовым». Разрушено было «тело греховное». И разрушено оно только в результате этого личного присутствия жизни Христовой. Оно разрушено для того, чтобы мы имели свободу от его власти, и больше не служили ему. Оно разрушено для каждого, ибо Христос в Своей плоти упразднил «вражду», или плотский ум; Он упразднил не Свой, а наш плотский ум, ибо Он такового не имел. Наши грехи, наши слабости были на Нём. За каждую душу была одержана победа, и враг был лишён силы. Нам нужно только получить победу, которую Христос уже одержал. Победа над всяким грехом –

уже реальность. Наша же вера делает её реальной лично для нас. Потеря веры выбрасывает нас за пределы этой реальности, и ветхое «тело греховное» снова поднимает свою уродливую голову. То, что разрушается верой, снова созидается неверием. Помните, что эта цель – цель разрушения «тела греховного», хотя и достигнута Христом за всех, тем не менее, является личным и насущным решением каждого человека.

«Мертвы для закона»

Многие, читая фразу «мёртв для закона», приходят к выводу о том, что закон мёртв. Но этот вывод совершенно недопустим. Закон должен действовать в полную силу, иначе никто не станет мёртвым в результате действия этого закона. Как же человек может стать «мёртвым для закона»? – Принимая его полное возмездие, то есть смерть. И даже в случае его смерти закон, приговоривший его к смерти, готов, как и прежде, приговорить к смерти следующего преступника. Представьте себе, что преступник, который был казнён за скверные преступления, в результате какого-то чуда снова вернулся к жизни. Разве он не останется мёртвым для закона? – Конечно, останется. Он уже принял возмездие. Закон уже не вспомнит ни о каких преступлениях, совершённых им прежде. Но если он снова совершит преступление, закон снова будет преследовать его, но уже как другого человека. Мы говорим: «Законом я умер для закона, чтобы жить для Бога». Телом Христовым я воскрес из мёртвых, освободившись от смерти, которую я принял от закона по причине моих грехов, и сейчас я хожу «в обновлённой жизни», жизни для Бога. Подобно Саулу в древнее время, я посредством Духа Божьего «сделался иным человеком» (1-я Царств 10:6). Таков христианский опыт. В этом мы убедимся по мере наших дальнейших исследований.

Распят со Христом

«Я сораспялся Христу, и уже не я живу, но живёт во мне Христос». Христос был распят. Он был «предан за грехи наши и воскрес для оправдания нашего» (Римлянам 4:25). Но до тех пор, пока мы не распяты с Ним, Его смерть и воскресение не приносит нам никакой пользы. Если крест Христов далёк от нас, если он не затрагивает нас, если он хоть на мгновение времени и на расстояние толщины волоса отдалён нас, то для нас это также бесполезно, как если бы Христос не был распят вовсе. Никто и никогда не был спасён лишь только ожиданием того, что когда-то в будущем в определённое время будет возведён некий крест, на котором будет распят Христос. Также никто никогда не будет спасён всего лишь верой в то, что в какое-то время в прошлом был распят Христос. Нет, нет. Если кто-то желает увидеть Христа распятого, то ему необходимо устремить свой взор не в будущее, не в прошлое, а вверх. Ибо перекладина креста, который был поставлен на Голгофе, простирается от потерянного рая до рая восстановленного, и обнимает собой весь греховный мир. Распятие Христа – это дело не одного дня. Он ведь «Агнец, закланный от создания мира» (Откровение 13:8), и поэтому Голгофская жертва будет продолжать действовать до тех пор, пока не исчезнет последний грех и последний грешник во вселенной. Прямо сейчас Христос несёт на Себе грех всего мира, ибо «Им всё стоит». И когда, наконец, Он будет вынужден отправить нераскаявшихся грешников в озеро огненное, их постигнут только те страдания, которые Христос, отвергнутый ими, понёс за них на кресте.

Где находится крест?

Христос в Своём теле «вознёс *грехи наши* на древо» (1-е Петра 2:24, KJV). Он «*стал за нас проклятием*», когда висел на этом «древе» (Галатам 3:13, KJV). На кресте Он понёс не только слабости и грехи человечества, но также и проклятие всей земли. Терние символизирует проклятия, ослабленное и несовершенное состояние земли (Бытие 3:17, 18; 4:11, 12), а на кресте Христос понёс на Себе и терновый венец. Поэтому все проклятия, все их последствия и следы были возложены на Христа – на Христа распятого. Следовательно, где бы мы ни видели какое-то проклятие, или где бы ни существовало какое-то проклятие независимо от того, видим мы его или нет, там присутствует и крест Христов. В этом можно ещё раз убедиться из следующих фактов: Проклятие – это смерть, а смерть отнимает жизнь; проклятие мы наблюдаем повсюду, но вместе с этим мы и жизнь наблюдаем повсюду. Это и есть ничто иное, как чудо креста. Христос пострадал, приняв на Себя проклятие смерти, и всё же Он воскрес. Он – Единственный, кто был к этому пригоден. Поэтому тот факт, что мы видим жизнь повсюду вокруг нас, равно как и в себе самих, несмотря на проклятие, которое мы также видим повсюду, сам факт присутствия жизни наряду с проклятием доказывает, что крест с распятым Христом присутствует там же, неся это проклятие. Поэтому не только каждая травинка в поле, каждый листок в лесу и каждый кусочек хлеба, который мы едим, несут на себе отпечаток креста Христова. Прежде всего, мы сами несём в себе этот отпечаток. Где бы вы ни нашли падшего, уязвленного грехом, несчастного человека, там же вы найдёте и Христа Божия, распятого за него и в нём. Христос на кресте несёт на Себе всё, включая и грехи этого человека. Из-за неверия и невежества этот человек может ощущать на себе весь груз и тяжесть этого греховного бремени, но тем не менее, всё это бремя лежит на Христе. Христу это бремя нести легко, а этому человеку – тяжело. Но если этот человек уверует, он сможет ощутить свободу от этого груза. Итак, Христос несёт грехи всего мира на кресте. Поэтому везде, где только есть грех, там, вне всяких сомнений, присутствует и крест Христов.

Где находится грех?

Грех – это личный вопрос. Человек виновен только в своих грехах, а не в тех грехах, которые совершил другой человек. Согрешить можно не там, где вас нет, а только там, где вы есть. Грех исходит из сердца человека, «ибо извнутрь, из сердца человеческого, исходят злые помыслы, прелюбодеяния, любодеяния, убийства, кражи, лихоимство, злоба, коварство, непотребство, завистливое око, богохульство, гордость, безумство, – всё это зло изнутри исходит» (От Марка 7:21-23). «Лукаво сердце человеческое более всего и крайне испорчено» (Иеремия 17:9). Грехом пропитана каждая фибра нашей природы и существа. Мы рождаемся в грехе, и наша жизнь есть ничто иное, как грех, поэтому грех невозможно забрать у нас, не отнимая вместе с ним и всей нашей жизни. Что мне нужно, так это свобода от моего личного персонального греха – от того греха, который не только был соделан мною лично, но который живёт в моём сердце – от греха, который представляет собой всю мою жизнь.

Связанные грехом

«Беззаконного уловляют собственные беззакония его, и в узах греха своего он содержится» (Притчи 5:22). «Посему, хотя бы ты умылся мылом и много употребил на себя щёлоку, нечестие твоё отмечено предо Мною, говорит Господь Бог» (Иеремия 2:22). Мой грех совершается мной, проистекает из меня, и я не могу отделить его от себя. Возложить его на Господа? Ах, да, это верно, но как это сделать? Могу ли я взять его в свои руки и отбросить его от себя, чтобы он оказался на Нём? – Я не могу этого сделать. Если бы я мог отделить свой грех от себя хотя бы на толщину волоса, то я был бы в безопасности, независимо от того, что после этого случилось бы с этим грехом, поскольку во мне его бы уже не было. В таком случае я прекрасно обошёлся бы и без Христа; ибо если греха во мне уже нет, то уже неважно, где он есть. Если бы я мог собрать свои грехи для того, чтобы, отделив их от себя, возложить их на Христа, распятого где-то вдали от меня, то уже не было бы и нужды возлагать их на Него. Эти грехи уже были бы не во мне, и это сделало бы меня чистым, свободным от них. Но никакие мои дела, вне зависимости от их вида и внешности, не могут спасти меня; поэтому все мои усилия и попытки отделиться от моих грехов бесполезны.

Христос несёт наш грех в нас самих

Это очевидно из вышесказанного, ведь тот, кто несет мои грехи, должен попасть туда, где нахожусь я сам. Да, да, он должен быть во мне. Именно так Христос и поступает. Христос и есть это Слово, и для всех грешников, которые ищут оправдания себе, говоря, что они не могут знать, чего Бог от них требует, Он говорит: «Близко к тебе слово, в устах твоих и в сердце твоём, чтобы исполнять его» (Второзаконие 30:11-14, KJV). Поэтому Он и наставляет нас через апостола: «Ибо если устами твоими будешь исповедывать Иисуса Господом и сердцем твоим веровать, что Бог воскресил Его из мёртвых, то спасёшься» (Римлянам 10:9). Что нам необходимо исповедовать о Господе Иисусе? – Конечно же, правду, а именно: Он близок ко мне, в устах моих и в сердце моём, и верить, что Он пребывает там как воскресший из мёртвых. «А «восшёл» что означает, как не то, что Он и нисходил прежде в преисподние места земли?» (Ефесянам 4:9). Воскресший Спаситель – это распятый Спаситель. Поскольку воскресший Христос присутствует в сердце грешника, то Христос распятый там присутствует тоже. Если бы не так, никто не имел бы и малейшей надежды. Кто-то может верить в то, что Христос воскрес 18 столетий назад, и может умереть в своих грехах; но верующий в то, что Христос распят и воскрес именно в нём, имеет спасение.

Всё, что человеку в этом мире нужно делать для того, чтобы спастись – это уверовать в истину, то есть признать и принять факты, увидеть вещи такими, какие они на самом деле есть, и исповедовать их. Всякий верующий в то, что Христос распят в нём (а этот факт распространяется на каждого человека), и всякий исповедующий, что распятый Христос, являясь также и воскресшим Христом, пребывает в нём, владея силой воскресения; так вот, каждый такой человек спасён от греха, и будет спасён до тех пор, пока он придерживается этого исповедания. Это и есть единственное истинное исповедание веры.

Какая славная мысль: везде, где есть грех, там есть и Христос, Спаситель от греха! Он несёт грех, весь грех, грех всего мира. Грех присутствует во всякой «плоти», и поэтому Христос также пришёл «во плоти». Христос распят в каждом человеке, живущем на земле. Таково слово истины, евангелие спасения, которое надлежит услышать всем, и которое спасёт всех принимающих его.

Жизнь верой

В 10-й главе Послания к Римлянам, как уже говорилось, мы узнаём о том, что Христос присутствует в каждом человеке как «скорый Помощник в бедах». Он присутствует в грешнике для того, чтобы грешник мог иметь хоть какой-либо стимул и способность отвернуться от греха и повернуться к праведности. Он есть «путь, истина и жизнь» (От Иоанна 14:6). Нет никакой другой жизни, кроме как Его жизнь. Он и есть Жизнь. Но, несмотря на то, что Он присутствует в каждом человеке, не каждый человек проявляет Его праведность в своей жизни; ибо некоторые «подавляют истину *в неправедности*» (Римлянам 1:18, R.V.). Вдохновенная молитва Павла взывает о том, чтобы мы могли «укрепиться могуществом Духа Божьего во внутреннем человеке», «дабы Христу вселиться в сердца ваши верою», «дабы вы исполнились всею полнотой Божьей» (Ефесянам 3:16-19). Следовательно, разница между грешником и христианином такова: хоть распятый и воскресший Христос и присутствует в каждом человеке, в грешнике Он присутствует там неузнанным и чуждым, тогда как в сердце христианина Он пребывает верою.

Христос распятый присутствует в каждом человеке, ибо, где только есть грех и проклятие, там есть и Христос, несущий их. Всё, что сейчас грешнику нужно – это быть распятым со Христом, позволить смерти Христа быть его собственной смертью, чтобы жизнь Иисуса открылась в его смертной плоти. Вера в вечную силу и божество Господа, которые явлены во всём Его творении, поможет каждому постичь эту тайну. Семя не оживёт, «если не умрёт» (1-е Коринфянам 15:36). «Если пшеничное зерно, пав в землю, не умрёт, то останется одно; а если умрёт, то принесёт много плода» (От Иоанна 12:24). Так и распятый со Христом сразу же начинает оживать, но уже как другой человек. «И уже не я живу, но живёт во мне Христос».

Жизнь мира

Кто-то скажет: «Но Христос вообще-то был распят восемнадцать веков назад разве не так?» – Да, это так. –

«Но как же тогда мои личные грехи были на Нём? И как я могу сегодня быть распятым с Ним?» – Возможно, мы не поймём этот факт полностью, но от этого факт не перестал оставаться фактом. Когда же мы вспоминаем о том, что Христос – это жизнь, «жизнь вечная, которая была у Отца, и явилась нам» (1-е Иоанна 1:2), мы можем в какой-то степени осознать этот факт. «В Нём была жизнь, и жизнь была свет человеков ... Свет истинный, Который просвещает всякого человека, приходящего в мир» (От Иоанна 1:4, 9).

Христос представляет собой нечто большее, нежели Человек Иисус из Назарета, которого могли увидеть своими глазами все люди. Плоть и кровь, – всё, что могут видеть глаза, – не может открыть «Христа, Сына Бога живого» (От Матфея 16:16, 17). «Не видел того глаз, не слышало ухо, и не приходило то на сердце человеку, что приготовил Бог любящим Его. А нам Бог открыл это Духом Своим» (1-е Коринфянам 2:9, 10). Итак, ни один человек, как бы он ни был знаком с Плотником из Назарета, не может назвать Его Господом, кроме как Духом Святым (1-е Коринфянам 12:3). Посредством Своего Духа, Своего личного присутствия, Он может пребывать в каждом человеке на земле, а также наполнять все небеса, чего Иисус «во плоти» делать не мог. Поэтому Ему надлежало вознестись, чтобы послать Утешителя. «Он есть прежде всего, и всё Им стоит» (Колоссянам 1:16, 17). Иисус из Назарета был откровением Христа во плоти; однако плоть эта ещё не была самим Христом, ибо «плоть не приносит никакой пользы». Именно то Слово, которое «было в начале», и которое своей силой «поддерживает жизнь всего творения» – вот кто такой «Христос Божий». Жертва Христа, если говорить об этом мире, принесена «от создания мира». И когда Христос «ходил повсюду, делая добро» в Иудее и Галилее, Он был «в недре Отчем», совершая примирение за грехи мира.

Сцена Голгофы была проявлением того, что происходило во все времена существования греха на земле, и будет происходить до тех пор, пока каждый человек, желающий спастись, не будет спасён: Христос несёт грехи мира. Он несёт их и сейчас. Одного факта смерти и воскресения достаточно на все времена, ибо мы имеем дело с вечной жизнью; поэтому нет нужды в повторении этой жертвы. Эта жизнь пронизывает и поддерживает всё, так что любой, принимающий её верой, имеет все преимущества целостной жертвы Христа. Он «совершил очищение греха» самим Собою. Всякий отвергающий эту жизнь, а также всякий не желающий признавать, что его жизнь – это жизнь, данная самим Христом, конечно же, теряет преимущества этой жертвы.

Вера Сына Божьего

Христос жил Отцом (От Иоанна 6:57). Его вера в слово, посланное Богом, была такой, что Он постоянно повторял, что после Своей смерти Он снова воскреснет на третий день. В этой вере Он и умер, сказав: «Отче, в руки Твои предаю дух Мой» (От Луки 23:46). Эту же веру, которая дала Ему победу над смертью (Евреям 5:7), (потому что она принесла Ему полную победу над грехом), эту же веру Он и проявляет в нас, когда пребывает в нас верой; ибо Он «вчера и сегодня и вовеки тот же». И уже не мы живём, а Христос живёт в нас, применяя Свою собственную веру для освобождения нас от власти сатаны. «Что же делать нам?» – Позволить Ему жить в нас так, как Он этого желает. «Ибо в вас должен быть тот же ум, что и во Христе Иисусе». Как же нам позволить Ему жить в нас? – Просто признавая Его, исповедуя Его. Мы не можем полностью понять и объяснить эту тайну «Христа в нас, упования славы», но в природе всё, что поддерживает нашу жизнь, преподаёт нам тот же урок. Солнечный свет, сияющий для нас, воздух, которым мы дышим, еда, которую мы едим, и вода, которую мы пьём, – всё это даёт жизнь нашим телам. Жизнь, которая этими путями поступает к нам, является ничем иным, как жизнью самого Христа, ибо Он и есть Жизнь, и таким образом мы имеем перед собой постоянные напоминания о том, что сам Христос может жить в нас. Если мы позволим этому Слову свободно действовать в нас, то это Слово прославится в нас, а также прославит и нас самих.

Дар лично мне

«Возлюбив меня, отдал Себя за меня». Какой особенный, персональный смысл несут эти слова! Он возлюбил именно меня. Каждый человек в мире может сказать: «Он возлюбил меня, и предал Себя за меня». Забудьте о Павле, читая эти слова. Павел мёртв, но слова, написанные им, по-прежнему актуальны. Они были верны по отношению к Павлу, но ещё более они верны по отношению к любому другому человеку. Именно эти слова Дух желает вложить в наши уста, если мы только примем их. Весь дар Христа относится к каждой индивидуальной личности. Христос не разделяется. Каждая душа получает Его целиком и полностью, точно также как если бы в мире больше никого не было. Каждый человек получает весь свет, который сияет на него. Факт существования миллионов людей, на которых светит солнце, не делает этот свет менее щедрым для меня лично; я получаю всё сияние целиком, и не смог бы получить больше, если бы был единственным человеком в мире. Этот свет сияет для меня. Так и Христос отдал Себя за меня, отдал Себя так, как если бы я был единственным грешником в мире. И эти слова точно также относятся к любому другому грешнику. Когда в землю попадает семечко пшеницы, то из него вырастает гораздо больше семян того же вида, и при этом каждое из них будет иметь в себе столько же жизни, что и первое, брошенное в землю при посеве. Так происходит и со Христом, истинным «Семенем жизни». Умирая за нас, чтобы мы также стали истинным семенем, Он отдаёт каждому из нас всю Свою жизнь. «Благодарение Богу за неизреченный дар Его!»

Христос не напрасно умер

«Не отвергаю благодати Божьей. А если праведность приходит посредством закона, то Христос напрасно умер». Эти слова будут хорошим выводом и самой сутью всего вышесказанного. Если бы праведность приходила посредством закона, то в смерти Христа не было бы никакой пользы. Закон сам по себе не может ничего, кроме как указывать на долг человека; поэтому выражение «праведность от закона» указывает на праведность от наших дел, или праведность от наших индивидуальных усилий. Поэтому данный текст равнозначен утверждению о том, что если бы мы могли спасти себя, то Христос напрасно умер, ибо спасение – это единственная цель, которую нужно достичь. Итак, мы не можем спасти себя, Христос умер не напрасно, поэтому спасение в Нём одном. Он может спасать всех, приходящих к Богу через Него. Кто-то должен быть спасён, иначе Он напрасно умер. Христос же умер не напрасно, и поэтому непреложно обетование: «Он узрит потомство долговечное, и воля Господня благоуспешно будет исполняться рукою Его. На подвиг души Своей Он будет смотреть с довольством» (Исаия 53:10, 11). «Всякий желающий» может присоединиться к этому числу. А поскольку Он умер не напрасно, то наблюдайте за собою, «чтобы благодать Божья не тщетно была принята вами».

Глава 3

Искупленные от проклятия для получения благословения Авраама

Две главы Послания к Галатам, которые мы уже прошли, дают нам достаточно информации для того, чтобы понять суть всего послания, и поэтому мы можем практически убрать из поля нашего зрения галатийских братьев, чтобы рассматривать эту книгу как относящуюся лично к нам. Обстоятельства, вызвавшие написание этого письма, заключались в том, что галаты, приняв евангелие, были позже увлечены в заблуждение лжебратьями, которые принесли им «другое евангелие», то есть поддельное евангелие, поскольку существует только одно евангелие для всех времён и для всех народов. И это поддельное евангелие гласило следующее: «Если не обрежетесь по закону Моисееву, то вы не можете спастись». Внешний знак обрезания был дан Богом в качестве знака праведности, которую человек уже получил верой (Римлянам 4:11). Этот знак был знаком закона, записанного в сердце Духом, и, следовательно, этот же знак становился насмешкой и подделкой, когда данный закон нарушался (Римлянам 2:25-29). Но когда кто-то принимает обрезание для того, чтобы спастись, он тем самым возлагает своё упование на свои дела, а не на Христа. И хотя сегодня не возникает вопроса о необходимости проходить через конкретный обряд обрезания для того, чтобы спастись, сам вопрос о спасении, которое совершается либо человеческими делами, либо исключительно Христом, остаётся таким же животрепещущим, каким был всегда.

Вместо того, чтобы нападать на их заблуждение, противопоставляя ему веские аргументы, апостол начинает с описания опыта, который является прямой иллюстрацией обсуждаемого вопроса. В своём повествовании он имеет целью показать, что спасение совершается только по вере, совершается для всех людей одинаково, и ни в какой степени не совершается посредством дел. Поскольку Христос умер за каждого человека лично, то и каждый спасаемый человек должен иметь личный опыт Христовой смерти, опыт Его воскресения и жизни. Христос совершает «во плоти» то, чего закон сделать не смог (Галатам 2:21; Римлянам 8:3, 4). И этот же факт свидетельствует о праведности закона. Если бы проблема была в законе, Христос бы не исполнил его требований. Господь доказывает праведность закона, исполняя его, или делая то, чего тот требует, и делая это не только для нас, но и в нас. Благодать Божья во Христе подтверждает величие и святость закона. Мы не отвергаем благодати Божьей; ибо если праведность могла бы прийти посредством закона, то Христос умер бы напрасно. Но заявлять о том, что закон необходимо было отменить, или ослабить его требования, чтобы упразднить его актуальность, – это равносильно заявлению о том, что Христос умер напрасно. И снова повторим, что праведность просто не может появиться посредством закона, потому что она приходит только посредством веры Христовой. Но тот факт, что праведность, явленная законом, может быть достигнута нами никак иначе, как только распятием Христа в нас, Его воскресением и жизнью в нас, этот самый факт доказывает величие и святость закона.

О, несмысленные Галаты! кто *околдовал вас*, у которых перед глазами предначертан был Иисус Христос, как бы у вас распятый? Сие только хочу знать от вас: через дела ли закона вы получили Духа, или через наставление в вере? Так ли вы несмысленны? *Неужели вы,* начав духом, *достигаете совершенства* плотью? Столь многое претерпели вы неужели без пользы? О, если бы только без пользы! Подающий вам Духа и совершающий между вами чудеса через дела ли закона сие производит, или через наставление в вере? Так Авраам поверил Богу, и это вменилось ему в праведность. Познайте же, что верующие суть сыны Авраама. И Писание, провидя, что Бог верою оправдает язычников, предвозвестило *евангелие* Аврааму: «в тебе благословятся все народы». Итак, верующие благословляются с верным Авраамом, а все, утверждающиеся на делах закона, находятся под *проклятием*. Ибо написано: «проклят всякий, кто не исполняет постоянно всего, что написано в книге закона». А что законом никто не оправдывается перед Богом, это ясно, потому что праведный верою жив будет. А закон не по вере; но кто исполняет его, тот жив будет им. Христос искупил нас от *проклятия* закона, сделавшись за нас *проклятием* – ибо написано: «проклят всякий, висящий на древе», – дабы благословение Авраамово через Христа Иисуса распространилось на язычников, чтобы нам получить обещанного Духа верою.

Братия! говорю по рассуждению человеческому: даже человеком утверждённого завещания никто не отменяет и не прибавляет к нему. Но Аврааму даны были обетования и семени его. Не сказано: «и потомкам», как бы о многих, но как об одном: «и семени твоему», которое есть Христос. Я говорю то, что завета о Христе, прежде Богом утверждённого, закон, явившийся спустя четыреста тридцать лет, не отменяет так, чтобы обетование потеряло силу. Ибо если по закону наследство, то уже не по обетованию; но Аврааму Бог даровал оное по обетованию. Для чего же закон? Он дан после по причине преступлений, до времени пришествия семени, к которому относится обетование, и преподан через ангелов, рукою посредника. Но посредник при одном не бывает, а Бог один. Итак закон противен обетованиям Божьим? Никак! Ибо если бы дан был закон, могущий животворить, то подлинно праведность была бы от закона; но Писание всех заключило под грехом, дабы обетование верующим дано было по вере в Иисуса Христа.

А до пришествия веры мы заключены были под стражею закона, до того времени, как надлежало открыться вере. Итак закон был для нас детоводителем ко Христу, дабы нам оправдаться верою; по пришествии же веры, мы уже не под руководством детоводителя. Ибо все вы сыны Божии по вере во Христа Иисуса; все вы, во Христа крестившиеся, во Христа облеклись. Нет уже Иудея, ни язычника; нет раба, ни свободного; нет мужеского пола, ни женского: ибо все вы одно во Христе Иисусе. Если же вы Христовы, то вы семя Авраамово и по обетованию наследники (Послание к Галатам, 3-я глава, «Пересмотренный перевод» – R.V.).

Грех колдовства

Апостол спрашивает у тех, кто отступил от Бога и Его истины: «Кто околдовал вас?» «Послушание лучше жертвы и повиновение лучше тука овнов; Ибо непокорность есть такой же грех, что волшебство, и противление то же, что идолопоклонство» (1-я Царств 15:22, 23). Взглянув на этот текст из Библии, вы увидите, что в обоих случаях слова «такой же» и «то же, что» добавлены переводчиками. Буквальный перевод с древнееврейского языка звучит так: «Непокорность и есть грех волшебства, и противление – это беззаконие и идолопоклонство». Почему так? – Ответ очень прост. Противление и мятеж – это отвержение Бога; а любой отвергающий Бога переходит под контроль злых духов. Всякое идолопоклонство – это поклонение бесам. «Язычники, принося жертвы, приносят бесам». (1-е Коринфянам 10:20). Нейтральной территории здесь быть не может. Христос говорит: «Кто не со Мною, тот против Меня» (От Матфея 12:30). Это значит, что непослушание и отвержение Господа – это уже есть дух антихриста. Галатийские братья, как мы видим, уже уходили от Бога, и, следовательно, они неизбежно, хотя, возможно, и неосознанно, возвращались в идолопоклонство.

Защита против спиритизма

Спиритизм – это просто другое название того же самого древнего колдовства и прорицания. Это подделка, но не такая подделка, которую себе представляют большинство людей. В этой подделке существует реальность. Ложь заключается лишь в том, что, говоря о получении информации от духов умерших людей, там на самом деле общаются с бесовскими силами, поскольку «мертвые ничего не знают». Быть спиритическим медиумом означает отдавать себя под контроль демонов. Против этого есть только одна защита, которая заключается в том, чтобы крепко держаться слова Божьего. Тот, кто легкомысленно относится к слову Божьему, лишает тем самым себя связи с Богом, и таким образом помещает себя под влияние сатаны. И даже если такой человек отрицает спиритизм решительным образом, но при этом не придерживается слова Божьего, он рано или поздно будет увлечён сильным заблуждением. Только сохраняя «слово терпения Христова» мы можем оставаться свободными от искушения, которое грядёт на весь мир (Откровение 3:10). «Дух, действующий ныне в сынах противления» (Ефесянам 2:2) – это дух сатаны, дух антихриста; и евангелие Христа, которое являет праведность Божью (Римлянам 1:16, 17), является единственным спасением от него.

Христос распятый – перед нами

«Кто *околдовал вас не покоряться истине*, вас, у которых перед глазами предначертан был Иисус Христос, как бы у вас распятый?» Иисус был явлен галатам, когда Павел проповедовал им, и был явлен как «распятый перед их глазами». И это откровение было таким реальным, что они могли на самом деле увидеть Христа распятого. Секрет заключался не в умелом словесном описании сцены распятия апостолом Павлом, и не в живом воображении галатийских братьев. В этом случае такое описание было бы только обманом. Нет, нет. Речь шла о реальном факте; Христос распятый был прямо там, перед их глазами, и Павел, руководимый Духом, передал им способность увидеть Господа. Мы знаем, что не умение Павла владеть искусством словесного описания заставило их представить себе, что они видят сцену распятия, ибо в другом тексте Писания Павел говорит, что он решил не знать ничего, кроме Иисуса Христа, и притом распятого, и что он намеренно и старательно воздерживался от использования «премудрости слова», опасаясь сделать крест Христов бесполезным (1-е Коринфянам 1:17, 18; 2:1-4). Опыт галат в этом случае не был каким-то исключительным и особенным опытом. Крест Христов – это реальность, которая присутствует везде. Выражение «прийти ко кресту» – это не просто пустая игра слов, а приглашение, которое на самом деле можно принять и реализовать. Христос распятый вообще-то уже перед нами. Каждая травинка, каждый лист в лесу, открывает этот факт. И даже мы сами имеем это свидетельство в своих же телах, ведь мы, такие грешные и негодные, какие мы есть, всё ещё живём. Реальную ценность евангелия можно увидеть только тогда, когда мы увидим Христа, распятого перед нашими глазами, когда мы увидим крест Христов на каждом повороте своего пути. И пусть над этим смеются все, кто захочет насмехаться. Если слепой человек, не видя солнца, отвергает факт существования солнечного света, то это никак не помешает тому, кто прозрел и увидел это светило, говорить о его славе. Многие, слыша о том, что Христос распятый был явлен перед глазами галат, могут засвидетельствовать о том, что эти слова – не просто крылатое выражение. Они имели этот реальный опыт. Да поможет нам Бог, чтобы это изучение Послания к Галатам, прежде чем закончиться, посодействовало тому, чтобы глаза многих людей открылись, и чтобы они увидели Христа распятого перед своими глазами, и познали Господа, распятого в них и за них.

Хорошее начало

Вопрос «Через дела ли закона вы приняли Духа, или через наставление в вере?» допускает только один верный ответ. Это произошло через наставление в вере. Дух даётся тем, кто верит (От Иоанна 7:39; Ефесянам 1:13). Этот вопрос также показывает, что галаты на самом деле приняли Святого Духа. Ведь не существует никакого другого способа начать христианскую жизнь. «Никто не может назвать Иисуса Господом, как только Духом Святым» (1-е Коринфянам 12:3). В самом начале Дух Божий «носился над водою», зарождая жизнь и движение творимого мира; ибо без Духа нет никакого движения, никакой жизни. «Не воинством и не силою, но Духом Моим, говорит Господь *воинств*» (Захария 4:6, KJV). Только Дух Божий может исполнять совершенную волю Божью, и никакие творимые человеком дела не могут поселить Его в нашу душу. Легче представить себе мертвеца, который будет создавать в себе самом дыхание, с помощью которого он оживет и станет двигаться. Те, кому Павел адресовал своё послание, видели Христа распятого перед своими глазами, и приняли Его посредством Духа. Приняли ли вы Его таким же образом, увидев Его таким, какой Он есть?

Крепко держитесь того, с чего вы начинали

«Так ли вы несмысленны? *Неужели вы*, начав духом, *достигаете совершенства* плотью?» Несмысленные – это мягко сказано. Человек, не имеющий силы начать, считает, что способен закончить! Человек, не имеющий силы передвигать ноги, или даже стоять, считает себя достаточно сильным, чтобы выиграть состязание бегунов! Но это невозможно. Кто имеет силы родить себя самого? – Никто. Мы приходим в этот мир, даже не принимая решения родиться. Да и рождаемся мы «не имея силы». Следовательно, вся сила, которая действует в нас, приходит извне, а не из нас самих. Вся эта сила даётся нам свыше. И новорождённый младенец – это представитель всего человечества. «Человек рождается в мир». Вся сила, которую любой человек имеет в себе самом, явлена в первом крике младенца, который тот делает вместе со своим первым вздохом. И даже этот слабый крик не исходит от него самого. Точно также и в духовной жизни. «*По Своей собственной воле* родил Он нас словом истины» (Иакова 1:18). Мы можем своими собственными силами жить праведной жизнью не более, чем могли бы с их помощью родить себя самих. И работа, начатая Духом, должна продолжаться до своего полного завершения тем же Духом. «Ибо мы сделались причастниками Христу, если только *зародившееся в нас доверие* твёрдо сохраним до конца» (Евреям 3:14, KJV). «Начавший в вас доброе дело будет совершать его даже до дня Иисуса Христа» (Филиппийцам 1:6). А совершить это дело может только Он один.

Евангельский опыт

«Столь многое претерпели вы неужели без пользы? О, если бы только без пользы! Подающий вам Духа и совершающий между вами чудеса через дела ли закона сие производит, или через наставление в вере?» Эти вопросы показывают, что опыт галатийских братьев был таким же глубоким и реальным, какого следует ожидать от тех, перед чьими глазами Христос был непосредственно распят. Дух снизошёл на них, чудеса совершались прямо в их среде, и даже ими самими, ибо дары Духа всегда сопровождают дар Духа; и из-за действия этого живого евангелия среди них они пережили преследования; ибо «все желающие жить благочестиво во Христе Иисусе будут гонимы» (2-е Тимофею 3:12). Из-за этого данный вопрос становится ещё более острым. Пережив страдания Христовы, они отступили от Него; и это отступление от Христа, Который только и может даровать праведность, сопровождалось непослушанием закону истины. Они незаметно, но неизбежно погружались в нарушение закона, на который они устремили свои взоры и чаяния в надежде спастись.

Авраам поверил Богу

Вопросы, заданные в 3-м, 4-м и 5-м стихах, содержат ответы в самих себе. Дух совершал там Своё служение, и чудеса среди них творились не делами закона, а «слышанием веры», то есть, послушанием веры, ибо вера приходит от слышания слова Божьего (Римлянам 10:17). Поэтому труды Павла и первый опыт галатийских братьев были точным соответствием опыта Авраама, чья вера была вменена ему в праведность. Необходимо помнить о том, что «лжебратья», проповедовавшие «другое евангелие», то есть ложное евангелие о праведности от дел, были иудеями, и называли Авраама своим отцом. Они хвалились тем, что были детьми Авраама, и ссылались на своё обрезание как на доказательство этого факта. Но как раз то, на что они опирались, называя себя детьми Авраама, было доказательством того, что они таковыми не являлись, ибо «Авраам поверил Богу, и это вменилось ему в праведность». Авраам уже имел праведность от веры перед тем, как был обрезан (Римлянам 4:11). «Познайте же, что верующие суть сыны Авраама. Авраам не был оправдан делами (Римлянам 4:2, 3), но его вера «произвела праведность».

Эта же проблема существует и сегодня. Люди принимают внешние знаки за внутреннюю суть, и цель за средства. Они видят, что праведность проявляется в добрых делах; поэтому они предполагают, что добрые дела и приносят праведность. Но праведность, приобретённая путём веры и доверия, добрые дела, которые совершаются «не делающими, а верующими», кажутся им чем-то непрактичным и нереальным. Они же называют себя «практичными» людьми, и верят в то, что единственный способ решить задачу – взяться за неё и выполнить это дело. Но истина заключается в том, что все такие люди в высшей степени непрактичны. Совершенно немощный человек не в состоянии сделать ничего – даже подняться и принять лекарство, которое ему дают. Поэтому любой подобный совет для такого человека будет совершенно непрактичным. Только в Господе праведность и сила (Исаия 45:24). «Предай Господу путь твой, и уповай на Него, и Он совершит, и выведет, как свет, праведность твою» (Псалтирь 36:5, 6). Авраам – это отец всех тех, кто верует к праведности, и только этих людей. Поэтому единственный практичный совет заключается в том, чтобы верить и доверять так, как это делал он.

Евангелие язычникам

«Писание, провидя, что Бог оправдает язычников верой, предвозвестило евангелие Аврааму». Этот текст будет читаться много раз. Понимание этих слов спасёт от многих заблуждений. И эти слова нетрудно понять. Просто придерживаясь того, что здесь написано, мы всё увидим.

Во-первых, данный текст показывает нам, что евангелие проповедовалось по крайней мере уже в то время, когда жил Авраам.

Во-вторых, евангелие проповедовал Сам Бог. Следовательно, это евангелие и было тем единственным истинным евангелием.

В-третьих, то же самое евангелие проповедовал и Павел. Поэтому нам не дано никакого другого евангелия, кроме того, которое принял Авраам.

В-четвёртых, евангелие сегодня нисколько не отличается от евангелия, которое возвещалось во дни Авраама; ибо «день Авраама» был «днём Христа» (От Иоанна 8:56, KJV).

Божьи требования сегодня точно такие же, какими они были и в то время, и ничуть не больше.

Более того, евангелие уже тогда проповедовалось язычникам, ибо Авраам был никем иным как язычником. Он был воспитан язычником, ибо «Фарра, отец Авраама», «служил иным богам» (Иисус Навин 24:2), и был язычником до тех пор, пока ему не было открыто евангелие. Поэтому проповедь евангелия язычникам не была чем-то новым во дни Петра и Павла. Сам еврейский народ был выведен из среды язычников, и только посредством проповеди евангелия язычникам Израиль созидается и спасается (смотри книгу Деяний (15:14-18), а также Послание к Римлянам 11-ю главу, 25-й и 26-й стихи). Само существование народа Израильского всегда было и остаётся веским доказательством того, что Бог желает спасать людей из среды язычников. И сам Израиль существует ради исполнения этого намерения.

Таким образом, мы видим, что апостол возвращает галат, а вместе с ними и нас, к источнику и к началу – к тому месту, где Сам Бог проповедует евангелие нам, язычникам. Ни один язычник не может надеяться на спасение каким-либо другим путём или каким-либо другим евангелием, чем евангелие, которым был спасён Авраам.

Быть благословенным с Авраамом

«Итак, верующие благословляются с верным Авраамом». Заметьте тесную связь между этим и предыдущим текстами. Евангелие было проповедано Аврааму в словах: «В тебе благословятся все *народы*» (нужно помнить о том, что слово «язычники» и слово «народы» из 8-го стиха переведены от одного и того же греческого слова). Это благословение и есть благословение праведности, которая от Христа, как мы читаем в книге Деяний (3:25, 26): «Вы сыны пророков и завета, который завещал Бог отцам вашим, говоря Аврааму: и в семени твоём благословятся все племена земные. Бог, воскресив Сына Своего Иисуса, к вам первым послал Его благословить вас, отвращая каждого от злых дел ваших». Поскольку Бог проповедовал евангелие Аврааму, говоря: «В тебе благословятся все *народы* земли», то верующие и благословляются с верным Авраамом. Не существует никакого другого благословения ни для одного человека, кроме благословения, полученного Авраамом, а евангелие, возвещённое ему – это единственное евангелие, которое возвещается всем людям под небесами, ибо кроме имени Иисуса, в которое поверил Авраам, «нет иного имени под небом, которым надлежало бы нам спастись». В Нём «мы имеем искупление кровью Его, прощение грехов» (Колоссянам 1:14). Прощение грехов приносит с собой все благословения.

Контраст: под проклятием

Заметьте резкий контраст в стихах 9-м и 10-м: *«Те, кто от веры – благословенны»*, но *«все, кто от дел закона, находятся под проклятием»* (KJV). Вера приносит благословение; «дела закона» приносят проклятие, вернее, оставляют под проклятием. Проклятие уже лежит на всех, ибо «неверующий уже осуждён, потому что не уверовал во имя Единородного Сына Божия» (От Иоанна 3:18). Вера снимает это проклятие.

Кто же находится под проклятием? – «все, утверждающиеся на делах закона». Заметьте, что здесь не говорится: «Те, кто исполняют закон, находятся под проклятием», ибо это противоречило бы словам из книги

Откровение (22:14): «Блаженны те, которые соблюдают заповеди Его, чтобы иметь им право на древо жизни и войти в город воротами». «Блаженны непорочные в пути, ходящие в законе Господнем» (Псалтирь 118:1).

Итак, те, которые от веры, соблюдают закон; ибо те, которые веруют, названы блаженными, как и тот, кто соблюдает заповеди. Они соблюдают заповеди верой. Евангелие противоположно человеческой природе. Поэтому и получается, что мы становимся «исполнителями закона» «не делая, а веруя». Если бы мы трудились для праведности, мы бы проявляли только нашу собственную греховную человеческую природу, и поэтому не только не приблизились бы к праведности, а и отдалились бы от неё; ибо только веруя в «великие и драгоценные обетования» мы становимся причастниками божественной природы (2-е Петра 1:4), и тогда все наши дела совершаются в Боге. «Язычники, не искавшие праведности, получили праведность, праведность от веры. А Израиль, искавший закона праведности, не достиг до закона праведности. Почему? потому что искали не в вере, а в делах закона. Ибо преткнулись о камень преткновения, как написано: «вот, полагаю в Сионе камень преткновения и камень соблазна; но всякий, верующий в Него, не постыдится»» (Римлянам 9:30-33).

Что такое проклятие?

Никто не сможет прочесть текст из Послания к Галатам (3:10) внимательно и вдумчиво, не увидев в нём, что проклятие и есть преступление закона. Непослушание Божьему закону само по себе является проклятием, ибо «одним человеком грех вошёл в мир, и грехом – смерть» (Римлянам 5:12). Грех несёт смерть в самом себе. Без греха смерть была бы невозможной, ибо «жало смерти – грех» (1-е Коринфянам 15:56). «Все, утверждающиеся на делах закона, находятся под проклятием». Почему? Потому ли, что закон – это проклятие? Нет, ни в коем случае. «Закон свят, и заповедь свята и праведна и добра» (Римлянам 7:12). Почему же тогда утверждающиеся на делах закона находятся под проклятием? – Потому что написано: «проклят всякий, кто не исполняет постоянно всего, что написано в книге закона». Заметьте: они прокляты не потому, что они исполняют закон, а именно потому, что они его не исполняют. Поэтому мы видим, что утверждаться на делах закона отнюдь не означает исполнять закон. Совсем нет. «Потому что плотские помышления суть вражда против Бога; ибо закону Божию не покоряются, да и не могут» (Римлянам 8:7). Все люди находятся под проклятием, и любой, кто думает избежать проклятия своими собственными делами, остаётся под ним. Проклятие состоит в неспособности постоянно исполнять написанное в законе; следовательно, благословение состоит в совершенной гармонии с законом. Об этом сказано предельно простым и ясным языком.

Проклятие и благословение

«Вот, я предлагаю вам сегодня благословение и проклятие: Благословение, если послушаете заповедей Господа, Бога вашего, которые я заповедую вам сегодня, а проклятие, если не послушаете заповедей Господа, Бога вашего» (Второзаконие 11:26-28). Таково живое слово Божье, адресованное каждому из нас лично. «Закон производит гнев» (Римлянам 4:15), но гнев Божий грядёт только на «сынов непослушания» (Ефесянам 5:6). Если мы воистину веруем, мы не осуждены, но не осуждены мы только потому, что вера приводит нас в гармонию с законом, или с жизнью Божьей. «Но кто вникнет в закон совершенный, закон свободы, и пребудет в нём, тот, будучи не слушателем забывчивым, но исполнителем дела, блажен будет в своём действовании» (Иакова 1:25).

Добрые дела

Библия не умаляет добрых дел. Напротив, она возвышает их. «Слово это верно; и я желаю, чтобы ты *постоянно* подтверждал о сём, дабы уверовавшие в Бога старались быть прилежными к добрым делам: это хорошо и полезно» (Титу 3:8, KJV). Неверующие названы «неспособными ни к какому доброму делу» (Титу 1:16). Тимофею было сказано: «Богатых в настоящем веке увещевай ... чтобы они благодетельствовали, богатели добрыми делами» (1-е Тимофею 6:17, 18). И апостол Павел молился о нас всех, чтобы мы «поступали достойно Бога, во всём угождая Ему, принося плод во всяком деле благом» (Колоссянам 1:10). Более того, мы читаем о том, что Бог сотворил нас во Христе Иисусе «на добрые дела», «дабы мы ходили в них» (Ефесянам 2:10).

Он сам приготовил эти дела для нас, сотворил их, и сделал их доступными для всех, кто доверяет Ему (Псалтирь 30:20). «Иисус сказал: вот дело Божие, чтобы вы веровали в Того, Кого Он послал» (От Иоанна 6:29). Добрые дела приветствуются, но мы не в состоянии их совершать. Они могут совершаться только Тем, кто является Благим, то есть Богом. Если в нас и есть что-то доброе, то всё это совершает в нас Бог. Всё, что Он делает, не подлежит умалению. «Бог же мира, воздвигший из мёртвых Пастыря овец великого Кровию завета вечного, Господа нашего Иисуса (Христа), да усовершит вас во всяком добром деле, к исполнению воли Его, производя в вас благоугодное Ему через Иисуса Христа. Ему слава во веки веков! Аминь» (Евреям 13:20, 21).

Кто является праведным?

Когда мы читаем часто цитируемые слова «Праведный верою жив будет», нам необходимо понимать ясную идею о том, что означает слово «праведный». Читая тот же текст в «Пересмотренном переводе» (R.V.), мы узнаём об этой идее. Там сказано так: «Праведник будет жить верой». Быть оправданным верой означает стать праведным через веру. «Всякая неправедность есть грех» (1-е Иоанна 5:17), и *грех есть преступление закона* (1-е Иоанна 3:4, KJV). Поэтому всякая неправедность – это преступление закона, и, конечно же, всякая праведность состоит в послушании закону. Мы теперь видим, что праведник, или праведный человек – это человек, послушный закону, а быть оправданным означает стать исполнителем закона.

Как стать праведным?

Праведность – это и есть конечная цель, а закон Божий – это показатель её достижения. «Закон производит гнев», потому что «все согрешили», и «гнев Божий приходит на всех сынов непослушания». Как же мы можем стать исполнителями закона, избежав гнева, или проклятия? Ответ таков: «Праведный верою жив будет». Верой, а не делами, мы становимся исполнителями закона. «Сердцем веруют к праведности» (Римлянам 10:10). То, что ни один человек не оправдается законом в Божьих глазах – это очевидно. Почему это очевидно? Потому что «праведный верою жив будет». Если бы праведность приходила посредством дел, то она была бы уже не от веры. «Но если по благодати, то не по делам; иначе благодать не была бы уже благодатью» (Римлянам 11:6). «Воздаяние делающему вменяется не по благодати, но по долгу. А не делающему, но верующему в Того, Кто оправдывает нечестивого, вера его вменяется в праведность» (Римлянам 4:4, 5). И здесь нет исключений, нет обходных путей. Ведь мы не читаем о том, что только «некоторые из праведных будут жить верой», или что они будут жить «верой и делами». Мы читаем коротко и ясно: «Праведный верою жив будет», что и доказывает непричастность к этому дел, исходящих от него самого. Все праведные становятся таковыми и остаются таковыми одной только верой. И это потому, что закон настолько свят, что ни один человек не может сделать ничего такого, что удовлетворило бы закон Божий. Только божественная сила может совершать такие дела; только верой мы принимаем Господа Иисуса, и Он живёт в нас Своей совершенной жизнью, исполняющей закон.

Закон не от веры

«Закон не от веры». Здесь, конечно же, речь идёт о записанном законе, где бы он ни был записан: в книге или на каменных скрижалях. Этот закон просто говорит: «Делай это», или «Не делай того». «Человек, исполняющий его, жив будет им». Это и есть единственное условие, на котором писаный закон предлагает жизнь. Дела, и только дела, могут его удовлетворить. Как эти дела совершаются – ему безразлично, главное, чтобы они совершались. Но никто на земле не исполнил требований закона, и поэтому в мире не может быть и исполнителей закона, то есть, не может быть тех, кто своей собственной жизнью мог бы явить пример совершенного послушания.

Жизнь – это дела

«Человек, исполняющий их (дела закона) жить будет ими». Но для этого человек должен быть живым. А мёртвый человек не может делать ничего. Тот, кто «мёртв по преступлениям и грехам» не может совершить никакого праведного дела. Христос – Единственный, в Ком есть жизнь, ибо Он и есть Жизнь, и только Он один исполнял и может исполнять праведность закона. И когда Он признаётся и принимается нами, то вместо того, чтобы отвергаться и подавляться нами, Он живёт в нас Своей полной жизнью, так что уже не мы живём, а Христос живёт в нас. И тогда Его послушание, явленное в нас, делает нас праведными. Наша вера вменяется нам в праведность, просто потому что наша вера принимает живого Христа. В доверии наших сердец мы подчиняем наши тела как храм Божий Ему Самому. Христос, Живая Скала, воцаряется в сердце, которое становится Божьим троном, и таким образом живой закон действует в нашей жизни; ибо из сердца источники жизни.

В чём главный вопрос?

Пусть дорогой читатель обратит особое внимание на тот факт, что в данном послании нет никакого спора о самом законе, или о том, должен он соблюдаться или нет. Никто не заявлял о том, что закон был упразднён, или изменён, или потерял свою силу. Послание не содержит никакого намёка на что-либо подобное. Вопрос заключался не в том, нужно ли исполнять закон, а в том, как он должен исполняться. Оправдание – когда человек становится праведным, – считалось необходимостью; вопрос был только в том, каким способом, – верой или делами, – это оправдание должно совершаться. Лжебратья убеждали галат в том, что те должны становиться праведными посредством своих собственных усилий; Павел же Духом Святым показывал им, что все подобные попытки грешного человека являются бесполезными, и могут привести только к ужесточению вышеупомянутого проклятия, под которым находится данный грешник. Праведность через веру в Иисуса Христа для всех людей всех времён является единственной истинной праведностью. Лжеучители хвалились законом, но нарушением этого же закона содействовали тому, что имя Божье хулилось среди людей. Павел хвалился Христом, и посредством праведности закона, которому он таким образом подчинялся, содействовал тому, чтобы имя Божье прославлялось в нём.

Жало греха

Смерть и есть это проклятие. Об этом мы читаем в конце 13-го стиха: «Проклят всякий, висящий на древе». Христос стал проклятием за нас, когда повис на древе, то есть, когда был распят. Однако причиной смерти является грех. «Посему, как одним человеком грех вошёл в мир, и грехом – смерть, так и смерть перешла во всех человеков, потому что в нём все согрешили» (Римлянам 5:12). «Жало же смерти – грех» (1-е Коринфянам 15:56). Поэтому суть 10-го текста можно выразить так: «кто не исполняет постоянно всего, что написано в книге закона», тот мёртв. Или: непослушание есть смерть. Писание так и говорит: «Похоть же, зачавши, рождает грех, а сделанный грех рождает смерть». Грех несёт смерть в себе самом, и поэтому все, кто вне Христа, «мертвы по преступлениям и грехам». Какими бы наполненными жизнью они ни казались, Христос говорит: «Если не будете есть Плоти Сына Человеческого и пить Крови Его, то не будете иметь в себе жизни» (От Иоанна 6:53). «Сластолюбивая заживо умерла» (1-е Тимофею 5:6). Смертное тело – это тело смерти, хоть оно и живёт какое-то время (Римлянам 7:24). Грех – это преступление закона; возмездие за грех – смерть. Поэтому проклятие – это сама смерть, которая заключена даже в самом привлекательном грехе. «Проклят всякий, кто не исполняет постоянно всего, что написано в книге закона».

Искупление от проклятия

«Христос искупил нас от *проклятия* закона». Давайте остановимся прямо здесь и рассмотрим этот факт, оставляя сам процесс искупления в стороне, чтобы вернуться к нему позже. Нам необходимо рассмотреть это утверждение весьма прилежно, ибо некоторые, читая его, сразу же спешат фанатично восклицать: «Мы не нуждаемся в исполнении закона, потому что Христос искупил нас от проклятия закона», как будто данный текст гласит о том, что Христос искупил нас от проклятия послушания закону. Таковые читают Писание совершенно напрасно. Проклятие, как мы с вами уже увидели, представляет собой именно непослушание. «Проклят всякий, кто не исполняет постоянно всего, что написано в книге закона». Поэтому Христос искупил нас именно от непослушания закону. Бог послал Сына Своего в подобии плоти греховной, за грех, «*дабы праведность* закона исполнилась в нас» (Римлянам 8:4, KJV).

Кто-то может легкомысленно сказать: «Ну, в таком случае с нами всё в порядке; что бы мы ни делали, все эти дела оправданы перед законом, поскольку мы искуплены». То, что мы искуплены – это правда, но не все принимают это искупление. Многие говорят о Христе: «Не желаем, чтобы этот Человек царствовал над нами», и отбрасывают благословения Божьи прочь от себя. Тем не менее, искупление – для всех; все были куплены драгоценной кровью, или жизнью Христа, и все могут быть, если только пожелают этого, свободны от греха и смерти. Этой же кровью мы искуплены и от «суетной жизни» (1-е Петра 1:18, R.V.).

Остановитесь на минутку и подумайте о том, что это значит; пусть полная сила этого утверждения отпечатается в вашем сознании. «Христос искупил нас от проклятия закона», или от неспособности постоянно исполнять все его праведные требования. Мы можем больше не грешить. Он снял все греховные оковы, которые связывали нас, чтобы мы могли всего-навсего принять Его спасение, и быть свободными от всякого запинающего нас греха. Нет никакой необходимости нам тратить всю свою жизнь на утомительные воздыхания о лучшей жизни, которая нам недоступна, и напрасные сожаления о неисполненных желаниях. Христос никогда не посылает ложных надежд, но Он приходит к пленникам греха, и сообщает им:

«Свобода! Двери вашей темницы открыты! Выходите!» Что ещё можно сказать? Христос одержал полную победу над «этим лукавым миром», над «похотью плоти, похотью очей и гордостью житейской», а наша вера в Него делает эту победу нашей победой. Нам нужно только принять её.

Христос стал проклятием за нас

То, что «Христос умер за нечестивых», понятно всем читающим Библию. Он был «предан за *беззакония* наши» (Римлянам 4:25, KJV). Невиновный пострадал за виновных, Праведный за неправедных. «Он изъязвлен был за грехи наши и мучим за беззакония наши; наказание мира нашего было на Нём, и ранами Его мы исцелились. Все мы блуждали, как овцы, совратились каждый на свою дорогу: и Господь возложил на Него грехи всех нас» (Исаия 53:5, 6). Но смерть принёс грех. Смерть — это проклятие, которое перешло на всех людей, просто потому, что «все согрешили». И поскольку Христос «стал проклятием за нас», из этого следует, что Христос *стал и грехом за нас* (2-е Коринфянам 5:21, R.V.). Он вознёс «*наши грехи в теле Своём на древо*» (1-е Петра 2:24, KJV). Заметьте, что грехи наши были «в Его теле». Речь идёт не о каком-то поверхностном действии, которое Он совершил. Грехи были не просто в образном смысле возложены на Него; они были фактически в Нём. Он сделался проклятием за нас, стал грехом за нас, и следовательно, принял смерть за нас.

Некоторым эта истина кажется неприемлемой; эллинам она кажется безумием, иудеям кажется камнем преткновения, а «для нас спасаемых она — сила Божья». Нужно помнить о том. что именно наши грехи, а не Свои грехи Он понёс в Своём теле. Тот же текст, который сообщает нам о том, что Он стал грехом за нас, уверяет нас и в том, что Он «не знал греха». Тот же текст, который говорит, что Он вознёс грехи наши «в теле Своём на древо» весьма ясно даёт понять, что Он «не сделал греха». Тот факт, что Он смог понести наш грех с Собой и в Себе, фактически став грехом за нас, и при этом не совершить никакого греха, возвещает о Его вечной славе и о нашем вечном спасении от греха. Все грехи всех людей были на Нём, и всё же ни один человек никогда не заметил в Нём ни малейшей тени греха. Ни один грех никогда не проявился в Его жизни, хотя Он взял весь грех на Себя. Он принял его и поглотил его силой Своей бесконечной жизни, в которой Он поглотил и смерть. Он может нести грех, и всё же оставаться незапятнанным от этого греха. И посредством этой изумительной жизни Он совершает наше искупление. Он отдаёт Свою жизнь, чтобы мы могли быть свободными от всякой тени греха, пропитавшего нашу природу.

Христос «во дни плоти Своей, с сильным воплем и со слезами принёс молитвы и моления Могущему спасти Его от смерти; и услышан был за Своё благоговение» (Евреям 5:7). Но Он умер! Да, Он умер, однако никто не смог бы отнять у Него жизнь; он Сам отдал её, чтобы снова принять её (От Иоанна 10:17, 18). Оковы смерти были разорваны, «потому что ей невозможно было удержать Его» (Деяния 2:24). Почему смерть не смогла удержать Его несмотря на то, что Он добровольно отдал Себя в её власть? – Потому что Он «не знал греха». Он взял весь грех на Себя, но был избавлен от его власти. Он «во всём уподобился братьям», «был искушён во всём, подобно нам» (Евреям 2:17; 4:15), и поскольку Он не мог Сам от Себя делать ничего (От Иоанна 5:30), Он молился Отцу с просьбой сохранить Его от поражения, а следовательно, от попадания под власть смерти. И Он был услышан. И таким образом были исполнены слова: «И Господь Бог помогает Мне: поэтому Я не стыжусь, поэтому Я держу лице Моё, как кремень, и знаю, что не останусь в стыде. Близок оправдывающий Меня: кто хочет состязаться со Мною?» (Исаия 50:7, 8).

Чей же это грех так угнетал Его, и от какого греха Он был избавлен? – Не от Своего собственного, ибо Он не имел таковых. Это был ваш и мой грех. Наши грехи уже побеждены, уже повержены. Нам предстоит сражаться с уже побеждённым врагом. Когда вы приходите к Богу «во имя Иисуса», покорив себя Его смерти и Его жизни, чтобы не носить имя Его напрасно, ибо Христос живёт в вас, вам необходимо только помнить о том, что каждый грех уже был на Нём, и продолжает оставаться на Нём, и что Он Победитель этого греха. И тогда вы сразу же скажете: «Благодарение Богу, дающему нам победу Господом нашим Иисусом Христом». «Благодарение Богу, Который всегда даёт нам торжествовать во Христе и благоухание познания о Себе распространяет нами во всяком месте» (2-е Коринфянам 2:14).

Откровение креста

В 13-м тексте 3-й главы мы снова возвращаемся к предмету, с которым сталкивались во 2-й главе (20-м стихе), и в начале 3-й главы (1-м стихе) — всегда присутствующей реальности креста. Этот предмет неисчерпаем, но перечисленные ниже факты помогут этому предмету открыться нашему разуму.

1. Искупление от греха и смерти совершается посредством креста (Галатам 3:13).

2. Евангелие полностью раскрывается на кресте; ибо евангелие есть «сила Божья ко спасению всякому верующему» (Римлянам 1:16), а «для нас спасаемых» крест Христов и есть «сила Божья» (1-е Коринфянам 1:18).

3. Христос открывается падшим людям только как Распятый и Воскресший Спаситель. И «нет другого имени под небом, данного человекам, которым надлежало бы нам спастись» (Деяния 4:12). И, следовательно, это всё, что Бог открывает людям, поскольку Он не желает приводить их в замешательство и запутывать. «Христос и Христос распятый» — это всё, что Павел желал знать; это всё, что необходимо познать всем остальным людям. Ведь люди нуждаются только в одном — в спасении; если они получат его, то вместе с ним они получат всё остальное; но спасение открывается только на кресте Христовом; поэтому Бог не отвлекает внимание людей чем-либо другим: Он даёт людям как раз то, в чём они нуждаются. Бог открывает Иисуса Христа распятого взору каждо-

го человека, чтобы каждый человек увидел, что он не имеет никаких причин и оправданий для своей погибели или для продолжения жизни в грехе.

4. Христос открывается каждому человеку только как распятый Искупитель; и поскольку люди нуждаются в спасении от проклятия, то Христос и открывается как несущий это проклятие. Где бы ни было какое-либо проклятие, там есть и Христос, несущий его. Мы уже увидели, что Христос понёс, и до сих пор несёт наше проклятие, взяв на Себя наш грех. Он также несёт проклятие и самой земли, ибо Он понёс на Себе и терновый венец, а проклятие, постигшее землю, выражалось такими словами: «Терние и волчцы произрастит она тебе» (Бытие 3:18). Итак, всё творение, которое сейчас стенает под проклятием, было искуплено посредством крови Христовой (Римлянам 8:19-23).

5. Только на кресте Христос несёт проклятие, ибо тот факт, что Он стал проклятием за нас стал явным именно когда Он висел на кресте. Крест — это символ проклятия, и вместе с этим символ избавления от этого проклятия, поскольку это крест Христа – Победителя и Избавителя. Поэтому само проклятие уже открывает крест, провозглашая наше избавление.

6. Где можно увидеть проклятие? – Вы лучше скажите, где его увидеть нельзя. Его может увидеть даже слепой, если только этот человек признаёт существование у себя остальных органов чувств. Несовершенство – это уже проклятие – да, да, проклятие. Несовершенство же мы наблюдаем во всём, что связано с нашей землей. Человек несовершенен, и даже самое красивое растение, растущее из земли, не такое совершенное, каким оно могло бы быть. Куда ни взгляни, везде можно увидеть возможность в улучшении, даже если

наши глаза, неопытные в этих тонкостях, не могут увидеть этой абсолютной нужды в совершенстве. Когда же Бог создал землю, всё было «хорошо весьма», или, как это отражено в древнееврейском выражении, «хорошо чрезвычайно». Бог Сам не видел никакого шанса, никакой возможности для дальнейшего усовершенствования. Но сейчас всё изменилось. Садовник прикладывает немалые умственные и физические силы для того, чтобы сделать более красивыми фрукты и цветы на своём участке. И поскольку даже лучшие произведения земли несут в себе проклятие, что уж говорить об уродливых скрюченных растениях, о высохших и пропавших почках, листьях и плодах, и о противных ядовитых сорняках? Повсюду «проклятие поедает землю» (Исаия 24:6).

7. Каким же будет наш вывод из всех этих наблюдений? Будет ли он разочаровывающим? – Нет. «Потому что Бог определил нас не на гнев, но к получению спасения через Господа нашего Иисуса Христа» (1-е Фессалоникийцам 5:9). И хотя проклятие видно везде, как сказано: «Повсюду я вижу упадок и разложение», всё же природа живёт, и человек живёт. И, тем не менее, проклятие представляет собой смерть, и ни один человек или другое творение не может принять смерть и остаться в живых. Смерть убивает. Но Христос жив. Он «был мёртв, и се, жив во веки веков» (Откровение 1:18). Только Он может нести проклятие смерти и всё же ожить. Поэтому тот факт, что мы видим жизнь на земле и в человеке, несмотря на проклятие, является доказательством того, что крест Христов тоже присутствует везде. Каждая травинка, каждый листочек в лесу, каждый куст и дерево, каждый цветок и плод, даже хлеб, который мы едим, отмечен печатью креста Христова. Даже наши собственные тела отмечены этой печатью Христа распятого. Везде виден этот крест.

И поскольку проповедь креста – это сила Божья, или евангелие, то вечная сила Божья открыта во всём, что Он создал. Эта же сила «действует и в нас» (Ефесянам 3:20). Тексты из Посланий к Римлянам (1:16-20) и к Коринфянам (1:17, 18) показывают ясную картину креста Христова во всём, что Бог создал – и даже в наших собственных телах.

Поддержка для отчаявшихся

«Окружили меня беды неисчислимые; постигли меня беззакония мои, так что видеть не могу: их более, нежели волос на голове моей; сердце моё оставило меня» (Псалтирь 39:13). Мы можем не только с доверием взывать к Богу из глубин нашего падения. Более того, Бог в Своей бесконечной милости сделал так, что сами эти глубины нашего греха становятся для нас источником веры. Тот факт, что мы находимся в самой глубине нашего падения, и всё же продолжаем существовать, доказывает, что Сам Бог в лице Иисуса Христа на кресте присутствует там же для того, чтобы нас спасать. Поэтому всё на этой земле, и даже проклятие, ибо всё здесь находится под проклятием, возвещает о евангелии. Наши же собственные слабости и греховность, вместо того чтобы быть источником разочарований, становятся для нас, верующих в Господа, залогом искупления. Ибо в немощи нашей мы обретаем силу. «Всё сие преодолеваем силою Возлюбившего нас» (Римлянам 8:37). Воистину, Бог не оставил нас без свидетельства о Себе среди людей. «Верующий в Сына Божьего имеет свидетельство в себе самом» (1-е Иоанна 5:10).

Благословение вместо проклятия

Христос понёс проклятие для того, чтобы нам было дано благословение. Он и сейчас несёт это проклятие, открываясь как Распятый перед нами и в нас, и мы с Ним, чтобы нам постоянно принимать это благословение. Его смерть – это жизнь для нас. Если мы добровольно будем носить в наших телах «мертвость Господа Иисуса», то и жизнь Иисусова будет явлена в нашей смертной плоти (2-е Коринфянам 4:10, 11). Его сделали грехом за нас, дабы мы стали праведностью от Бога в Нём (2-е Коринфянам 5:21). Какое же благословение мы принимаем благодаря тому, что Он несёт проклятие? – Благословение спасения от греха; ибо если проклятие есть преступление закона (Галатам 3:10), то благословение состоит в обращении каждого из нас от беззаконий наших (Деяния 3:26). Христос понёс проклятие, проклятие греха и смерти, «дабы благословение Авраама могло снизойти на язычников через Иисуса Христа». Каково же благословение Авраама? Автор этого послания, отметив, что Авраам стал праведным через веру, добавляет: «Так и Давид называет блаженным человека, которому Бог вменяет праведность независимо от дел: «Блаженны, чьи беззакония прощены и чьи грехи покрыты. Блажен человек, которому Господь не вменит греха»» (Римлянам 4:6-8). Затем он показывает, что это благословение сходит как на язычников, так и на уверовавших иудеев, потому что Авраам получил его, когда он был ещё не обрезан, «дабы ему стать отцом всех тех, кто верует». Это благословение заключается в свободе от греха, поскольку проклятие – это греховные дела; и если даже проклятие открывает крест Христов, то мы находим, что даже само проклятие стало благодаря Господу голосом, возвещающим о благословении. Тот факт, что мы живы, хотя мы и грешники, и является доказательством того, что свобода от греха уже принадлежит нам. Поговорка гласит: «Пока есть жизнь, есть надежда». Да, потому что наша Жизнь (Иисус) и есть наша надежда. Слава Богу за эту блаженную надежду! Благословение снизошло на всех людей; ибо «как преступлением одного *всех людей постигло* осуждение, так праведностью Одного всем *людям подарен дар к оправданию жизни*» (Римлянам 5:18, KJV). Бог, который назван нелицеприятным, «благословил нас во Христе всяким духовным благословением в небесах» (Ефесянам 1:3). Это благословение принадлежит нам, чтобы мы его хранили. Если кто-то не хранит это благословение, то это происходит потому, что он не распознал этот дар, или своевольно отверг его, отбросив его прочь от себя.

Завершённая миссия

«Христос искупил нас от проклятия закона» – от греха и смерти. Он сделал это, «став проклятием за нас», поэтому мы свободны от всякой необходимости грешить. Грех не имеет над нами никакой власти, если мы принимаем Христа в истине, и принимаем Его полностью. И эта истина была такой же актуальной во дни Авраама, Моисея, Давида и Исаии, какой она является сегодня. Более, чем за семьсот лет до событий Голгофского креста Исаия свидетельствовал о том, что он уже на то время понимал, потому что его собственный грех тоже был очищен живым углем с Божьего алтаря. «Но Он взял на Себя наши немощи и понёс наши *печали*; ... Он изъязвлён был за грехи наши и мучим за беззакония наши; наказание мира нашего было на Нём, и ранами Его мы исцелились. ... Господь возложил на Него грехи всех нас» (Исаия 53:4-6, KJV). «*Я изгладил* беззакония твои, как туман, и грехи твои, как облако; обратись ко Мне, ибо Я *уже* искупил тебя» (Исаия 44:22, KJV). Задолго до дней Исаии Давид писал: «Не по беззакониям нашим *поступил с нами*, и не по грехам нашим воздал нам». «Как далеко восток от запада, так удалил Он от нас беззакония наши» (Псалтирь 102:10, 12, KJV).

«А мы, которые уверовали, входим в покой», потому что «дела Его были совершены ещё от сотворения мира» (Евреям 4:3, KJV). Благословение, которое мы приняли, есть «благословение Авраама». Мы не имеем никакого другого фундамента, чем «основание апостолов и пророков» (Ефесянам 2:20). Это и есть полное и завершённое спасение, которое Бог уже предоставил; оно уже ожидает нас, когда мы приходим в мир; и мы нисколько не облегчаем бремя Бога, отвергая это спасение, как не добавляем Ему тяжести и забот, принимая его.

«Обетование Духа»

Христос искупил нас, «дабы мы могли принять обетование Духа верою». Не нужно по ошибке читать эту фразу так: «дабы мы могли принять обетование дара Духа». Нам сказано не так. Такой мысли там нет. Немного поразмыслив, мы убедимся в этом. Христос искупил нас, и этот факт подтверждает дар Духа, ибо только «посредством вечного Духа» Он принёс Себя непорочного Богу (Евреям 9:14). Но если бы не Дух, мы бы так и не узнали о том, что мы грешники, не говоря уже о том, чтобы познать искупление. Дух обличает о грехе и о праведности (От Иоанна 16:18). «Дух свидетельствует, потому что Дух есть истина» (1-е Иоанна 5:6, KJV). «Верующий имеет это свидетельство в самом себе». Христос распят в каждом человеке, как мы уже увидели; это показано в том самом факте, что мы все находимся под проклятием, и только Христос несёт это проклятие на кресте. Но именно посредством Духа Христос пребывает на земле среди людей. Вера делает нас способными принять свидетельство этого Свидетеля, и возрадоваться всему тому, что несёт нам дар крещения Духом.

Заметьте также: благословение Авраама сходит на нас для того, чтобы мы могли принять обетование Духа. Но это благословение приходит только посредством Духа; следовательно, это благословение не может быть просто обещанием того, что мы получим Духа. Но, имея это благословение Духа, а именно, праведность, мы уверены и в получении того, что Дух обещает праведникам – вечного наследия. Благословляя Авраама, Бог пообещал ему наследие. Выражение «обещание Духа» используется, как мы увидим, в том же значении, что и термины «обещание Бога», или «дар Божий», то есть в значении обетования или дара, который посылает Бог. Дух назван Залогом всех благ.

Дух как Залог наследия

Все Божьи дары сами по себе являются обещаниями чего-то большего. За ними всегда следует нечто ещё большее. Евангелие – это Божье намерение собрать воедино всё во Христе Иисусе, в Котором «мы и сделались наследниками, быв предназначены к тому по определению Совершающего всё по изволению воли Своей, дабы послужить к похвале славы Его нам, которые ранее уповали на Христа. В Нём и вы, услышав слово истины, благовествование вашего спасения, и уверовав в Него, запечатлены обетованным Святым Духом, Который есть залог наследия нашего, для искупления удела Его, в похвалу славы Его» (Ефесянам 1:11-14).

Это наследие мы должны рассмотреть позже. А пока достаточно будет сказать, что это наследие было обещано Аврааму, детьми которого мы становимся верою. Это наследие принадлежит всем, кто является детьми Божьими через веру в Иисуса Христа; и Дух, который знаменует наше усыновление, и есть то «обетование», тот Залог, и тот «первый плод» этого наследия. Все, кто принимает славное Христово избавление от проклятия закона, – искупление не от послушания закону (ибо послушание не является проклятием), а искупление от непослушания закону, – имеют в лице Духа предвкушение той силы и того благословения, которые ожидают будущий мир.

Обетование, данное Аврааму

Мы увидим, что Авраам – центральный персонаж этой главы. Именно ему было проповедано евангелие всемирного спасения. Он уверовал, и получил благословение, – благословение праведности. Все, кто верует, благословляются с верующим Авраамом. Те, кто от веры, те и являются детьми Авраама. Христос искупил нас от проклятия, чтобы благословение Авраама могло быть дано нам. «Аврааму же и семени его были даны обетования». «А если по закону наследство, то уже больше не по обетованию; Бог же даровал оное Аврааму по обетованию». Мы ясно видим, что обетование для нас и есть обетование, данное Аврааму, – обетование наследия, к которому мы причастны как его дети. Христос искупил нас от проклятия, чтобы мы получили наследие праведности. Христос посредством вечного Духа принёс Себя непорочного Богу, чтобы очистить совесть нашу от мёртвых дел для служения Богу живому; «И потому Он есть Ходатай нового завета, дабы *посредством* смерти Его ... призванные к вечному наследию получили обетованное *вечное наследие*» (Евреям 9:14, 15, KJV).

«И семени его»

«Аврааму даны обетования и семени его. Не сказано: «и семенам», как о многих, но как об одном: «И Семени твоему», которое есть Христос». Здесь нет никакой игры слов; вопрос представляет большую важность. Вся полемика относится к пути спасения: либо оно совершается одним Христом, либо кем-то другим, либо же и Христом и кем-то другим. Многие люди думают, что спасение совершается ими, что они должны спасать себя, делая себя праведными. Многие другие считают Христа очень полезным Помощником, хорошим подспорьем в их усилиях; тогда как иные согласны отдать Ему самое первое место, но не единственное место. Они считают себя хорошими «вторыми скрипками». Они намерены совершать труд спасения вместе с Господом. Но наш текст исключает все эти предположения и надежду на себя. Он указывает не на «семена», а на «семя», говоря не о многих, а об одном. «И Семени твоему, которое есть Христос». Христос и есть это Семя.

Никаких двух родословных

Мы много слышим о «духовном семени» и о «плотском семени» Авраама. Если бы этот контраст вообще что-либо значил, то он бы только отделял ложное семя от истинного. Духовное – это противоположность плотскому, а плотское семя, как мы увидим позже, вообще не является истинным семенем, а только «сыном рабыни», которого надлежало отвергнуть, и который не имел никакой части в наследии. Поэтому у Авраама нет никакого плотского семени. Его духовное семя – это самое что ни на есть реальное семя, как и Христос назван «Духом животворящим», но, тем не менее, Он является самым реальным и настоящим. Быть полностью духовным и жить в этом мире, имея физическое тело – это не только возможность, но и потребность всех людей. И только при этом условии их можно назвать детьми Авраама. «Поэтому живущие по плоти Богу угодить не могут». «Плоть и кровь не могут наследовать Царствия Божия». Существует только одна линия потомков Авраама, только одна группа его настоящих детей – это те, которые «от веры», или те, кто, принимая Христа верою, получает от Него власть быть чадами Божьими.

Много обещаний в Одном

Хотя слово «семя» имеет единственное число, слово «обещания» имеет множественное число. Речь идёт не об одном обещании, которое было дано Аврааму и его Семени, а о многих обещаниях. И у Бога уже не осталось для людей ничего, что не было бы обещано Аврааму. Однако обещания даются во Христе, в Которого Авраам поверил. «Ибо все обетования Божии в Нём «да» и в Нём «аминь», – в славу Божию, через нас» (2-е Коринфянам 1:20).

Обещанное наследство

То, что было обещано, вся совокупность этих обетований и представляет собой наследие, о чём ясно сказано в 3-й главе Послания к Галатам (стихи с 15-го по 18-й). Шестнадцатый стих недавно упоминался, а семнадцатый стих говорит нам о том, что закон, который был дан спустя четыреста тридцать лет после того, как обетование было дано и подтверждено, не может его упразднить. «Ибо если по закону наследство, то уже не по обетованию; но Аврааму Бог даровал оное по обетованию» (стих 18-й). Что представляет собой это обетование, видно из сравнения данного текста с текстом из Послания к Римлянам (4:13): «Ибо не законом даровано Аврааму, или семени его, обетование – быть наследником мира, но праведностью веры». Таким образом, хотя небеса и земля, которые мы видим сейчас, «сберегаются огню на день суда и погибели нечестивых человеков», когда «воспламенённые небеса разрушатся, и разгоревшиеся стихии растают», мы, «по обетованию Его, ожидаем нового неба и новой земли, на которых обитает *праведность*» (2-е Петра 3:7, 12, 13, KJV). Это и есть та небесная страна, которую ожидали Авраам, Исаак и Иаков.

Наследие без проклятия

«Христос искупил нас от проклятия ... дабы нам получить обетование Духа через веру». Это «обетование Духа» мы уже определили как обладание новой землей, искупленной от проклятия; ибо «само творение освобождено будет от рабства тлению в свободу славы детей Божьих». Новая красивая земля, вышедшая из руки Творца, совершенная во всех отношениях, была дана человеку в его распоряжение (Бытие 1:27, 28, 31). Человек согрешил, и навлёк проклятие на самого себя. Христос же взял на Себя всё это проклятие, проклятие, постигшее как человека, так и всё творение, чтобы земля стала таким же вечным владением человека, каким она была создана быть, и Он также спасает человека от этого проклятия, чтобы тот мог стать пригодным к владычеству над этим наследием. Такова суть евангельской вести. «Дар Божий – жизнь вечная во Христе Иисусе, Господе нашем» (Римлянам 6:23). Этот дар вечной жизни включён в обетование о наследии, ибо Бог пообещал землю Аврааму и его семени «во владение вечное» (Бытие 17:7, 8). Таково наследие праведности, потому что обетование о том, что Авраам будет наследником мира, должно было исполниться через праведность веры. Праведность, жизнь вечная, и само место, на котором эта вечная жизнь будет протекать – всё это содержится в данном обетовании, вбирающем в себя всё, что только человек может желать и получить. Искупить человека, но не дать ему места, на котором он мог бы жить – это было бы незавершённым делом; эти две части составляют одно единое целое. Ведь сила, посредством которой совершается наше искупление – это сила творения, – сила, посредством которой будут созданы новое небо и новая земля. Когда всё это будет завершено, «ничего уже не будет проклятого» (Откровение 22:3).

Заветы обетования

Тот факт, что завет и обещание Бога – это одно и тоже, ясно показан в тексте из Послания к Галатам (3:17), где сказано, что отменить завет означает лишить силы обетование. В 17-й главе книги Бытие мы читаем о том, что Бог дал завет Аврааму, пообещав ему землю Ханаанскую, а вместе с ней и весь мир в вечное владение. Но в 18-м же тексте сказано, что Бог дал её ему по обетованию. Божьи заветы, данные людям, могут быть ничем иным как Его обещаниями им. «Кто дал Ему наперёд, чтобы Он должен был воздать? Ибо всё из Него, Им и к

Нему» (Римлянам 11:35, 36). Люди так редко встречают благодеяния без ожидания чего-либо взамен, что даже богословы стали считать возможным и нормальным такое же отношение Бога к людям. Поэтому они начинают свои диссертации на тему Божьего завета с утверждения о том, что завет – это «взаимное соглашение между двумя или более сторонами, которые обязуются что-то делать или не делать со своей стороны». Но Бог не заключает с людьми никаких сделок, ведь Он хорошо знает о том, что они не способны исполнить ничего со своей стороны. После потопа Бог заключил завет с каждым животным на земле, и с каждой птицей небесной; но животные и птицы не обещали Ему ничего со своей стороны (Бытие 9:9-16). Они просто приняли то, что было им дано рукой Божьей. И это – всё, что мы можем сделать. Бог обещает нам всё, в чём мы только нуждаемся, и даже более всего того, о чём мы только можем просить и помышлять, и обещает нам всё это как дар. Мы отдаём Ему себя самих, то есть, по сути – ничто, а Он отдаёт нам Себя, то есть, буквально всё. Все проблемы возникают тогда, когда люди, хоть и желая признавать Господа, тем не менее, стремятся заключать с Ним сделки. Они желают иметь с Ним взаимные договорённости, в которых они были бы с Ним равноправными партнерами. Но любой, кто желает иметь отношения с Богом, должен быть согласен на Его условия для этих отношений, а именно – он должен признать один фундаментальный факт: мы ничего не имеем, и ничего собой не представляем; Он же имеет всё, представляет Собой всё и даёт всё.

Подтверждение завета

Завет, то есть обещание Бога дать людям всю заново созданную землю, после освобождения их от проклятия, было «прежде Богом утверждено во Христе». Он и есть Поручитель нового завета, вернее, вечного завета. «Ибо все обетования Божии в Нём «да» и в Нём «аминь», – в славу Божию, через нас» (2-е Коринфянам 1:20, R.V.). В Нём мы имеем наследие (Ефесянам 1:11), ибо Дух Святой есть залог, или первый Плод этого наследия, и обладание Духом Святым означает, что сам Христос пребывает в сердце верою. Бог благословил Авраама, говоря: «Благословятся в семени твоём все народы земли», и это благословение исполнилось во Христе, которого Бог послал нам, отвращая нас от злых дел наших (Деяния 3:25, 26).

Подтверждение клятвой Божьей

«Бог, давая обетование Аврааму, как не мог никем высшим клясться, клялся Самим Собою, ... Люди клянутся высшим, и клятва во удостоверение оканчивает всякий спор их. Посему и Бог, желая преимущественнее показать наследникам обетования непреложность Своей воли, употребил в посредство клятву, дабы в двух непреложных вещах, в которых невозможно Богу солгать, твёрдое утешение имели мы, прибегшие взяться за предлежащую надежду, которая для души есть как бы якорь безопасный и крепкий, и входит во внутреннейшее за завесу, куда предтечею за нас вошёл Иисус, сделавшись Первосвященником навек по чину Мелхиседека» (Евреям 6:13-20). Сравните этот текст с выражением из книги Бытие (22:15-18).

Следовательно, именно клятва Божья подтвердила завет, данный Аврааму. Это обещание и клятва, данные Аврааму, и есть наша великая надежда, наша незыблемая уверенность, наш «якорь безопасный и крепкий», потому что клятва эта предоставила Самого Христа как залог, как Поручителя, а Христос «всегда жив». Он поддерживает жизнь всех словом силы Своей (Евреям 1:3). «Им всё стоит» (Колоссянам 1:17, R.V.). Поэтому, когда Бог «поклялся Собой», что стало нашим утешением и надеждой, к которым мы можем прибегать для спасения от греха, Он предъявил в залог Своё собственное существование, а значит и существование всей вселенной, давая эту клятву о нашем спасении. Воистину в Его превосходном Слове содержится непоколебимое основание для нашей надежды.

Закон не может отменить завет

Не будем забывать в дальнейшем, что завет и обетование – это одно и то же, и что он включает в себя землю, даже всю землю, заново сотворенную, обещанную Аврааму и его семени. Будем также помнить о том, что, поскольку на новом небе и новой земле, обещанных Аврааму и его семени, будет обитать одна только праведность, то завет включает в себя также и обещание сделать праведными всех верующих. Это совершается во Христе, в котором это обещание было подтверждено. Итак, «даже человеком утверждённого завещания никто не отменяет и не прибавляет к нему» (Галатам 3:15). Насколько же более это относится к Божьему завету! Поэтому, если совершенная и вечная праведность была обещана в завете, заключённом с Авраамом, который также был утверждён Христом, посредством клятвы Божьей, то не может такого быть, чтобы закон, который был провозглашён спустя четыреста тридцать лет, мог привнести какую-то новую особенность. Аврааму наследие было дано по обетованию, но если спустя четыреста тридцать лет оказалось бы, что теперь наследие должно обретаться каким-то другим способом, то воистину, тем самым обетование объявлялось бы тщетным. Но это ниспровергло бы само Божье правление, и прекратило бы Его существование; ибо Бог предоставил в залог Своё собственное существование, давая Аврааму и его семени как наследие, так и праведность, которая требуется для обладания этим наследием. «Ибо не законом даровано Аврааму, или семени его, обетование – быть наследником мира, но праведностью веры» (Римлянам 4:13). Евангелие было таким же полным и совершенным во дни Авраама, каким оно было и будет во все последующие времена. Ни о каких дополнениях, или изменениях в его условиях и благословениях просто не может идти и речи после того, как Бог дал Свою клятву Аврааму. Ничто не должно отниматься у этого евангелия в таком виде, в котором оно тогда уже существовало, и не может быть никаких других требований к человеку, чем те, которые предъявлялись Аврааму.

Для чего же закон?

Этот же вопрос апостол Павел задаёт в 19-м стихе, предчувствуя возражения противников закона, и желая самым недвусмысленным образом показать место закона в евангелии. Вопрос весьма естественный. Если наследие даётся полностью по обетованию, а утверждённый таким образом завет не может быть изменён, – ничего не может быть у него отнято, и ничего не может быть к нему добавлено, – то почему же закон был открыт спустя четыреста тридцать лет? «Для чего же закон?», или буквально: «Зачем нужен закон? Какую роль он выполняет? Какое у него назначение? Какая от него польза?»

Ответ на вопрос

«Он дан после по причине преступлений» Необходимо понимать, что «провозглашение закона на Синае» не было началом существования самого закона. Закон Божий существовал и во дни Авараама, и соблюдался им (Бытие 26:5). Бог испытывал детей Израиля, чтобы узнать, будут они соблюдать Его закон, или нет, и это происходило более чем за месяц до провозглашения закона на Синае (Исход 16:1-4, 27, 28).

«Он был добавлен»

Слово, переведённое здесь как «дан» – это то же самое слово, что и слово «провозглашалось» в Послании к Евреям (12:19, KJV): «Слышавшие просили, чтобы к ним более не *провозглашалось это* слово». Это же слово встречается в Септуагинте в тексте книги Второзаконие (5:22), где мы читаем о том, что Бог провозгласил десять заповедей громким голосом, «и ничего не добавил» (KJV). Итак, ответ на вопрос «Для чего же закон?» мы можем выразить в словах: «Он был провозглашён по причине преступлений». Он обличает в грехе.

По причине преступлений

«Закон же пришёл ... *чтобы* умножилось преступление» (Римлянам 5:20, KJV). Другими словами, «*чтобы* грех стал крайне грешен посредством заповеди» (Римлянам 7:13, KJV). Он был дан в обстоятельствах, исполненных величия и ужаса, чтобы предупредить сынов Израилевых о том, что они из-за своего неверия подвергались опасности потерять обещанное наследие. Они не верили Господу как Авраам; а «все, что не по вере – грех». Ведь наследие было обещано «через праведность от веры», и поэтому неверующие евреи не могли его получить. Следовательно, им был провозглашён закон, чтобы убедить их в отсутствии праведности, которая необходима для обладания этим наследием; и хотя праведность не приходит от закона, закон должен о ней засвидетельствовать (Римлянам 3:21). Короче говоря, закон был дан для того, чтобы показать им: они не имели веры, и поэтому не были истинными детьми Авраама, а следовательно, шли по пути потери наследия. Бог желал вписать и вписал бы Свой закон в их сердца точно также, как Он вписал его в сердце Авраама, если бы они уверовали; но, проявляя неверие, и в то же время называя себя наследниками обетования, они должны были увидеть самым отчетливым образом тот факт, что их неверие было грехом. Закон был дан по причине преступлений, или, если сказать то же самое другими словами, по причине неверия народа.

Самоуверенность – это грех

«Вот, душа надменная не *права*, а праведный своею верою жив будет» (Аввакум 2:4, KJV). Народ Израильский был полон самоуверенности и неверия Богу, как это видно из их ропота и недовольства Божьим водительством, из их уверенности в своей способности сделать всё, что Бог от них ни потребует, или исполнить Его обещания. Они имели тот же дух, что и их потомки, которые спрашивали: «Что нам делать, чтобы творить дела Божьи?» (От Иоанна 6:28). Они были настолько невежественны в отношении Божьей праведности, что считали себя способными поставить свою собственную праведность в качестве равнозначной (Римлянам 10:3). И пока они не увидели бы свой грех, они не могли получить обещанное. Отсюда и необходимость в провозглашении закона.

Служение ангелов

«Не все ли они суть служебные духи, посылаемые на служение для тех, которые имеют наследовать спасение?» (Евреям 1:14, R.V.). Мы не знаем точно, какие функции должны были выполнять «тысячи ангелов», которые были на горе Синай; но мы знаем, что они имели глубокий и сильный интерес ко всему, что связано с людьми, хотя проповедь евангелия им и не поручена. Когда закладывались основания земли, «все сыны Божьи ликовали от радости», и множество небесного воинства пело хвалу во время провозглашения рождения Спасителя этому миру. Они служат Царю царей, ожидая возможности «исполнить волю Его, слушая голос слова Его». Не может быть, чтобы они не присутствовали в качестве царского авангарда во время провозглашения закона, и конечно, они были там не просто ради помпезности и парада. Стефан сказал своим убийцам – членам синедриона: «Жестоковыйные! люди с необрезанным сердцем и ушами! вы всегда противитесь Духу Святому, как отцы ваши, так и вы. Кого из пророков не гнали отцы ваши? Они убили предвозвестивших пришествие Праведника, Которого предателями и убийцами сделались ныне вы, вы, которые приняли закон при служении Ангелов и не сохранили» (Деяния 7:51-53). О том, кто сегодня уже является противником, о сатане, было когда-то сказано: «*ты запечатываешь совершенное*», или «отмеряешь образец» (Иезекииль 28:12, KJV). Французский перевод Луи Сегонда гласит: «Ты полагаешь печать совершенства», а Датский: «Ты ставишь штамп печати на соответствующий указ». Эти мысли указывают на то, что перед падением сатана был, проще говоря, хранителем печати, и имел своей обязанностью ставить эту печать на все издаваемые распоряжения. Ангелы названы «превосходящими силою», и сам факт их присутствия при возвещении закона показывает, что это событие обладало величайшей значимостью и важностью.

В руку Посредника

Вопрос времени, к которому относится фраза «до времени пришествия семени, которому было дано обетование», мы пока оставим в стороне, поскольку наше исследование сейчас касается отношения закона к обетованию. Закон был дан народу на Синае «в руку Посредника». Кто же был этим «Посредником»? Ответ может быть только один: «Един Бог, един и посредник между Богом и человеками, человек Христос Иисус» (1-е Тимофею 2:5). «Посредника не может быть при наличии только одной стороны, а Бог один» (Галатам 3:20). Бог – одна сторона, народ – другая, а Христос – Посредник. И поскольку одной стороной в этом деле, несомненно, является Бог, то Христос и должен быть этим Посредником, ибо нет никакого другого Посредника между Богом и людьми. «Нет ни в ком ином спасения, ибо нет другого имени под небом, данного человекам, которым надлежало бы нам спастись» (Деяния 4:11, 12).

Служение Христа как Посредника

Человек ушёл от Бога, и восстал против Него. «Все мы блуждали как овцы, совратились каждый на свою дорогу». Наши беззакония разделили нас с Ним (Исаии 59:1, 2). «Плотский *ум* суть вражда против Бога; ибо закону Божию не *покоряется*, да и не *может*» (Римлянам 8:7, KJV). Христос пришёл для того, чтобы разрушить эту вражду, и примирить нас с Богом; ибо «Он есть мир наш» (Ефесянам 2:14-16). Христос «пострадал за наши грехи, Праведник за неправедных, чтобы привести нас к Богу» (1-е Петра 3:18). Через Него мы имеем доступ к Богу (Римлянам 5:1, 2; Ефесянам 2:18). Во Христе плотский ум, этот мятежный ум отнимается, и вместо него даётся ум Духа, «чтобы *праведность* закона исполнилась в нас, живущих не по плоти, но по Духу» (Римлянам 8:3, 4, KJV). Служение Христа заключается в том, чтобы спасти погибшее, чтобы восстановить разрушенное, чтобы объединить разделенное. Его имя – «Бог с нами», и когда Он пребывает в нас, мы становимся «причастниками Его *божественной природы*» (2-е Петра 1:4, KJV).

Необходимо понимать, что служение Христа как Посредника не ограничено ни временем, ни пространством. Быть Посредником означает более чем быть Ходатаем. Христос был Посредником ещё прежде того, как грех вошёл в наш мир, и будет Посредником когда во всей вселенной не будет греха, а значит и нужды в искуплении. «Всё Им стоит». Он является «образом ипостаси Божьей». Он и есть Жизнь. Только в Нём и через Него жизнь Божья изливается на всё творение. И в таком случае Он является и Способом, и Средством, и Посредником, и Путём, через Которого свет жизни наполняет вселенную. Он не стал Посредником во время грехопадения человека, а уже был таковым от вечности. Никто: ни человек, ни другое сотворённое существо, не приходит к Отцу, как только через Христа. Ни один ангел не сможет устоять в Божественном присутствии, кроме как во Христе. Никакой новой силы не потребовалось, никаких, так сказать, новых инструментов и средств не нужно было активировать в связи с появлением греха в нашем мире. Сила, сотворившая весь мир, всего лишь продолжала действовать в бесконечной милости Божьей, чтобы производить работу восстановления того, что было потеряно. Во Христе всё было сотворено, и поэтому в Нём мы имеем искупление кровью Его (Колоссянам 1:14-17). Сила, которая наполняет и поддерживает вселенную – это та же сила, которая и спасает нас. «А Тому, Кто действующею в нас силою может сделать несравненно больше всего, чего мы просим, или о чём помышляем, Тому слава в Церкви во Христе Иисусе во все роды, от века до века. Аминь».

Закон не противоречит обетованию

«Итак закон противен обетованиям Божьим?» – Ни в коем случае. Это совсем не так. А если бы это было так, то он бы не был дан в руки Посредника, то есть Христа. Ибо все обетования Божьи даны в Нём (2-е Коринфянам 1:20). Итак, мы находим во Христе и закон и обетование вместе. Мы можем знать, что закон не был и не является противоречащим обещаниям Божьим. Мы знаем это из того факта, что Бог дал и обетование, и закон. Мы знаем также, что, давая закон, Он не привнёс ничего нового в завет, поскольку если завет уже был утверждён, то к нему уже ничего нельзя было добавить, и ничего нельзя было из него убрать. Но закон совсем не бесполезен, иначе бы Бог его не возвещал. Бог не относится с равнодушием к нашему соблюдению или несоблюдению закона, ибо Он сам дал эти заповеди. И в то же самое время, закон не противоположен обетованию, и не привносит в него ничего нового. Почему? – Просто потому, что закон уже содержится в обетовании. Обетование Духа включает в себя следующее: «Вложу законы Мои в мысли их, и напишу их на сердцах их» (Евреям 8:10). Это же произошло по Божьему свидетельству с Авраамом, когда «Бог дал ему завет обрезания» (читайте Римлянам 4:11; 2:25-29; Филиппийцам 3:3).

Закон возвеличивает обетование

Закон, как уже было показано, не противоречит обетованию, потому что он содержится в обетовании. Обетование Аврааму о том, что его семя наследует этот мир, было дано «через праведность от веры». Но закон и есть праведность, как Бог говорит через пророка Исаию: «Послушайте Меня, знающие праведность, народ, у которого в сердце закон Мой!» (Исаия 51:7). Следовательно, праведность, которую требует закон – единственная праведность, которая может наследовать обетованную землю, но она обретается не делами закона, а верой. Праведность закона достигается не человеческими усилиями и стремлениями исполнить закон, а верой. Смотри Послание к Римлянам (9:30-32). Поэтому, чем величественнее праведность, которую требует закон, тем величественнее обетование Божье; ибо Он пообещал даровать эту праведность всем, кто верует. Он даже поклялся в этом. Поэтому, когда закон был провозглашён с Синая, «из среди огня, облака и густой тьмы громогласным голосом», в сопровождении звука трубы Божьей, при землетрясении, когда вся земля тряслась от присутствия Господа и всех Его святых ангелов, возвещая тем самым непостижимое величие и высоту закона Божьего, для каждого вспомнившего то обещание и клятву Божью, всё это было всего лишь откровением о чудном величии Божьего обетования; ибо всю праведность, которую требует закон, Бог пообещал дать каждому доверяющему Ему. «Громкий голос», который возвестил закон, был тем громким голосом, который благовествует с высоких гор добрую весть о спасительной милости Божьей (смотри Исаия 40:9). Божьи заповеди – это Его обещания. Иначе и быть не может, потому что Он знает людей, и знает, что они не имеют никакой силы. Всё, чего Бог требует – это всё, что Он Сам даёт. Когда Он говорит: «Не делай» чего-то, мы можем считать эти слова Его обещанием о том, что если мы только доверимся

Ему, то Он сохранит нас от греха, против которого Он нас предостерегает. Он сохранит нас от падения.

Обличение в грехе и в праведности

Иисус сказал об Утешителе: «Он, придя, обличит мир о грехе и о правде и о суде» (От Иоанна 16:8). О себе же Он сказал: «Я пришёл призвать не праведников, но грешников к покаянию» (От Марка 2:17). «Не здоровые имеют нужду во враче, но больные». Человек должен почувствовать свою нужду, прежде чем он примет помощь; он должен узнать о своей болезни, прежде чем принять лекарство. Точно также и обещание праведности останется без внимания того, кто не видит себя грешником. Поэтому первая часть утешительного служения Святого Духа заключается в том, чтобы убедить людей в их грехе. Так, «Писание всех заключило под грехом, дабы обетование верующим дано было по вере в Иисуса Христа». «Законом познаётся грех» (Римлянам 3:20). Тот, кто признаёт себя грешником – тот уже на пути к этому познанию; и «Если *мы* исповедуем грехи наши, то Он, будучи верен и праведен, простит нам грехи наши и очистит нас от всякой *неправедности*» (1-е Иоанна 1:9, KJV). Таким образом, закон используется Духом в качестве активного инструмента в том, чтобы склонить людей к принятию всей полноты обетования. Вы не будете презирать человека, спасшего вам жизнь, указав вам на опасность, которую вы не видели; наоборот, к такому человеку вы будете относиться как к другу, и всегда будете вспоминать о нём с благодарностью. Так и к закону будут относиться те, кто был пробуждён его предостерегающим голосом, призывающим избежать будущего гнева. Такой человек всегда будет говорить вместе с псалмопевцем: «Помыслы преступные ненавижу, а закон Твой люблю».

Праведность и жизнь

«Если бы дан был закон, могущий животворить, то подлинно праведность была бы от закона». Здесь мы видим, что праведность – это жизнь. Это не просто какая-то формула, сухая теория или догма, а нечто живое и действенное. Христос – это наша жизнь. Поэтому Он и назван «нашей Праведностью». «Дух жив по причине праведности». Закон, записанный на двух каменных скрижалях, может дать не больше жизни, чем камни, на которых он был записан. Все его принципы совершенны, но мёртвые буквы не могут стать источником живых действий. Любой принимающий только тот закон, который содержится в буквах, принимает «служение осуждения» и смерти. Ведь «Слово стало плотью». И лишь во Христе, «Камне живом», существует тот закон, который источает жизнь и покой. Принимая Его через «служение Духа», мы имеем жизнь и ту праведность, которую закон одобряет.

21-й стих показывает, что провозглашение закона должно было указать на важность обетования. Все обстоятельства, сопровождавшие провозглашение закона, — звук трубы, грозный голос, землетрясение, «огонь, тьма и буря», громы и молнии, границы вокруг горы, за которые нельзя было переходить под страхом смерти, — все эти знаки сообщали о том, что «закон производит гнев» в «сынах противления». Но сам факт того, что гнев, производимый законом, постигает только «сынов противления», доказывает, что закон свят, и что «исполняющий его будет жив им». Неужели Бог желает разочаровать Свой народ? Ни в коем случае. Закон должен соблюдаться, и ужасы Синая были предназначены к тому, чтобы вернуть их обратно к клятве Божьей, которая четыреста тридцать лет назад была дана для всех людей во все века как обетование о праведности через Распятого и всегда живущего Спасителя.

Заключены в темницу

Заметьте схожесть между 8-м и 22-м текстами. «Писание всех заключило под грехом, дабы обетование верующим дано было по вере в Иисуса Христа». «Писание, провидя, что Бог верою оправдает язычников, предвозвестило *евангелие* Аврааму: в тебе благословятся все народы». Мы видим, что евангелие, которое проповедуется из того же источника, то есть из Писания, оно и заключает людей под грехом. Слово «заключать» буквально означает «закрывать», как сказано в 23-м стихе в «Старом переводе» (KJV). Конечно, человек, который «заключён» законом, находится в темнице. Человеческое законодательство обязывает отправлять преступника в заключение, как только представители законной власти его схватят. Божий же закон присутствует везде, и везде действует, и поэтому, как только человек согрешает, он сразу же попадает в заключение. Таково состояние всего мира, «ибо все согрешили», и «нет праведного, нет ни одного».

Те беззаконники, которым Христос проповедовал «во дни Ноя», были «в темнице» (1-е Петра 3:19, 20). Но они, как и другие грешники, были «*узниками надежды*» (Захария 9:12, KJV). «Ибо Он (Бог) приникнул со святой высоты Своей, с небес призрел Господь на землю, чтобы услышать стон узников, разрешить *приговорённых к смерти*» (Псалтирь 101:20, 21, KJV). Христос дан «в завет для народа, во свет для язычников, чтобы открыть глаза слепых, чтобы узников вывести из заключения и сидящих во тьме – из темницы» (Исаия 42:6, 7).

Позвольте поделиться личным опытом с тем грешником, который ещё не изведал радости и свободы в Господе. Однажды, если это конечно ещё не случилось, вы будете явным образом обличены во грехе Духом Божьим. Вы можете сейчас быть полны сомнений и отговорок, готовых ответов и оправданий, но в тот час вам будет нечего сказать. Вы уже не будете сомневаться в реальности Бога и Духа Святого, и не будете нуждаться ни в каких доказательствах по этому поводу; ибо вы уже будете знать голос Бога, обращающегося к вашей душе. Вы почувствуете желание, как почувствовали его в древнем Израиле, которое выразилось в словах: «Да не говорит Бог с нами, чтобы нам не умереть». Тогда вы поймёте, что значит быть заключённым в темницу, – в темницу, стены которой смыкаются над вами, не давая никакого выхода, а наоборот, стесняя и сдавливая вас. Рассказы о людях, похороненных заживо с тяжелым камнем на их груди, будут казаться вам такими живыми и реальными, что вы будете чувствовать тяжесть скрижалей закона, которые стесняют вашу жизнь, сжимают ваше сердце своими мраморными руками, стараясь его раздавить. В такие моменты вам будет особенно радостно вспомнить о том, что вы «заключены» в эту темницу только с одной целью – чтобы «обетование через веру в Иисуса Христа» было принято вами. И как только вы положитесь на это обетование, на этот ключ, который открывает любую дверь в Замке Сомнений, – двери темницы распахнутся перед вами, и вы сможете сказать: «Душа наша избавилась, как птица, из сети ловящих: сеть расторгнута, и мы избавились» (Псалтирь 123:7).

Под законом, под грехом

Мы только что прочли о том, что Писание заключило всех под грехом, дабы обетование через веру Иисуса Христа могло быть дано всем, кто верит. До пришествия же веры мы были под стражею закона, хранимые законом для веры, которая должна была открыться впоследствии. Мы знаем, что всё, что не по вере – грех (Римлянам 14:23); поэтому быть под законом означает то же самое, что и быть под грехом. Мы находимся «под законом» исключительно потому, что мы находимся под грехом. Благодать Божья приносит спасение от греха, и поэтому, когда мы принимаем Божью благодать, мы уже не находимся под законом, потому что мы свободны от греха. Все те, кто находится под законом, являются преступниками закона. Праведники не под законом, потому что они живут по закону.

Закон как тюремный страж и надзиратель.

«Итак закон был для нас детоводителем ко Христу, дабы нам оправдаться верою». Понятие «*чтобы привести нас*» отмечено как в старом (KJV), так и в новом переводе (R.V.) как добавленное к тексту. Поэтому данная фраза либо её отсутствие никак не влияют на значение текста. Вы заметите также, что новый перевод («Пересмотренный перевод» – R.V.) приводит слово «наставник» вместо слова «детоводитель». И это уже точнее, но смысл лучше передаётся словами из немецкого или скандинавского переводов, которые означают: «начальник исправительного учреждения». Одним словом, на нашем языке слово «тюремщик» больше всего соответствовало бы смыслу. Греческое слово, которое мы имеем и в английском языке, звучит как «педагог». Слово «педагогос» означает раба, который сопровождает мальчиков в школу, и наблюдает за тем, чтобы они не прогуливали. Если они пытаются сбежать с занятий, он возвращает их обратно, и даже имеет власть бить их для того, чтобы возвращать их на этот путь. Это слово и стало использоваться в значении слова «детоводитель», хотя греческое слово вообще не означает «детоводитель». Было бы лучше использовать слово «приставник». Здесь скорее имеется в виду охранник, сопровождающий узника, которому позволено выходить за пределы тюремных стен. Узник этот, хотя и не физическим образом, но всё же по-настоящему лишён свободы, точно также, как если бы он всё время сидел в камере. Факт заключается в том, что все, кто не верит, находятся «под грехом», «заключены под стражею закона». И поэтому закон действует как их тюремщик. Это и заключает их в темницу, и не выпускает оттуда; виновный не может избежать этой вины. Бог же милостив и благ, но Он не оправдает виновного (Исход 34:6, 7, KJV). Другими словами, Бог не будет лгать, называя зло добром; но Он предоставляет средство, благодаря которому виновные могут избавиться от своей вины. И тогда закон уже не будет иметь ничего против них, не будет уже «заключать их», и они будут «ходить свободно».

Единственная Дверь

Христос говорит «Я есмь Дверь» (От Иоанна 10:7, 9). Он также является загоном для овец, и Пастырем овец. Люди часто думают, что, находясь вне загона для овец, они свободны, и что присоединиться к этому стаду означает ограничить свою свободу; но на самом деле всё происходит наоборот. Стадо Христово — это «пространное место», в то время как неверие — это тесная темница. Грешник обречён на ограниченный образ мыслей. Истинное же «свободомыслие» свойственно тому, кто постигает со всеми святыми «широту, долготу, глубину и высоту любви Христовой, которая превосходит разумение». Вне Христа можно быть только в рабстве. И только в Нём свобода. Вне Христа человек находится в заключении, «в узах греха своего содержится» (Притчи 5:22). «Сила же греха – закон». Именно закон объявляет такого человека грешником, и открывает ему его состояние. «Законом познаётся грех»; и «грех не вменяется, когда нет закона» (Римлянам 3:20; 5:13). Так закон делает явными те тюремные стены, за которыми грешник находится. И эти стены он начинает видеть везде вокруг себя, и чувствует беспокойство внутри себя, ощущая давление этого осознания своего греха, так что эти стены, кажется, лишают его жизни. Он тщетно прилагает отчаянные усилия для того, чтобы вырваться на свободу. Но эти заповеди стоят также незыблемо как вековые холмы. Куда бы он ни повернулся, везде он слышит заповедь, которая сообщает ему: «От меня свободы даже не жди, ибо ты согрешил». И если он пытается наладить дружеские отношения с законом, обещая соблюдать его, от этого он лучше не становится, ибо его грех остаётся в нём. Таким образом, закон преследует грешника, пока тот не увидит единственный выход – «обетование веры Иисуса Христа». И во Христе он становится «истинно свободным», ибо во Христе он становится «праведностью от Бога по вере». Во Христе он находит «совершенный закон свободы».

Закон проповедует евангелие

Кто-то скажет: «Но закон ничего не говорит о Христе». Это правда; но всё творение возвещает о Христе, открывая Его спасающую силу. Мы выяснили, что крест Христов, или «Христос и притом распятый» виден в каждом листочке, растущем в лесу, и вообще во всём, что существует и живёт. Более того, каждая фибра человеческой души нуждается во Христе. Люди этого не понимают, но Христос воистину является «Желанием всех народов». Только Он один «насыщает всё живущее по благоволению». Только в Нём можно найти покой и средство избавления от присущего всему миру беспокойства и томления духа. Поскольку Христос, в Котором только и можно найти мир (ибо «Он есть мир наш») ищет уставших и обременённых, призывая их к Себе, и поскольку каждый человек имеет жажду, которую ничто другое в этом мире не может удовлетворить, то очевидно, что человек, пробуждённый законом к более ясному осознанию своего состояния, по мере того, как закон продолжает его преследовать, не давая ему покоя и закрывая перед ним все остальные двери и выходы, то такой человек, в конце концов, окажется перед «Надежной Дверью», ибо она всегда открыта. Христос и есть тот «Город-убежище», в который может убежать всякий преследуемый мстителем за кровь, и в котором его обязательно примут. Только во Христе грешник найдёт свободу от преследований закона, ибо во Христе исполняется праведность закона, и Христом эта праведность исполняется в нас (Римлянам 8:4). Закон настолько далёк от того, чтобы требовать от людей своего соблюдения, чтобы спастись (как думают некоторые), что он не допустит спасения ни одного человека, не имеющего «праведности, которая от Бога по вере» – по вере Иисуса Христа.

Когда же приходит вера

Как ни странно, многие считают, что когда-либо в истории должно было наступить определённое время для пришествия веры. Этот отрывок часто интерпретируется таким образом, как будто бы люди были «под законом» до наступления определённого времени в истории мира, а с наступлением этого времени пришла вера, и поэтому они уже свободны от закона. Пришествие веры делают синонимом пришествия Христа на землю. Мы даже не можем сказать, как такая идея могла прийти кому-то в голову, ибо это толкование показывает абсолютное невежество в данном вопросе. Ведь в таком случае получается, что люди спасаются целыми толпами, независимо от их выбора и участия. Получается, что до определённого времени все были в рабстве закона, а с того самого дня все уже свободны от греха. В таком случае спасение человека зависело бы просто от времени, в которое он родился. Если он жил до определённого времени, он погибнет; если после – будет спасён. Такой абсурд найдёт в наше время не больше аргументов, чем сама его формулировка.

Никто при должном размышлении не сможет согласиться с идеей о том, что апостол здесь говорит о какой-то определённой, конкретной точке в истории мира, которая разделяет две так называемые эпохи. Каждый такой исследователь сразу же оставит эту точку зрения.

Но когда же приходит вера? «Вера приходит от слышания, а слышание от слова Божия» (Римлянам 10:17). Когда человек принимает Слово Божье, слово обетования, приносящее с собой полноту закона, когда он уже не противится ему, а наоборот, покоряется ему, тогда к нему приходит вера. Прочтите 11-ю главу Послания к Евреям, и вы увидите, что вера приходила к людям с самых древних дней. С самих дней Авеля люди обретали свободу по вере. Единственное важное время – это «ныне», или «сегодня». «Вот, теперь время благоприятное, вот, теперь день спасения». «Сегодня, когда услышите голос Его, не ожесточите сердец ваших».

Облекаясь во Христа посредством крещения

«Все вы, во Христа крестившиеся, во Христа облеклись». «Неужели не знаете, что все мы, крестившиеся во Христа Иисуса, в смерть Его крестились?» (Римлянам 6:3). Именно смертью Христос искупил нас от проклятия закона; но нам необходимо умереть с Ним. Крещение – это «подобие смерти Его». Мы воскресаем, чтобы ходить «в обновлении жизни», жизни Христовой (смотри Послание к Галатам, 2:20). Облёкшись же во Христа, мы едины с Ним. Мы полностью отождествляемся с Ним. Мы растворяемся в Нём. О новообращённом часто говорят: «Он так изменился, что вы его не узнаете; он уже не тот человек». И это правда. Бог превратил его в другого человека. Поэтому, будучи единым со Христом, такой человек имеет право на всё, что принадлежит Христу, а также право на «небесные обители», где восседает Христос. Он выведен из темницы греха, и вознесён до места обитания Бога. Это, конечно, в том случае, если крещение было для него реальностью, а не только внешней формой. Такой человек был крещён погружением не только в осязаемую воду, но и «во Христа», в Его жизнь.

Крещение спасает нас

Слово «крещение» перешло в другие языки без перевода, и имеет всего лишь одно значение: погружение. Древнегреческий кузнец «крестил» своё железо в воде, чтобы охладить его. Хозяйка дома «крестила» свою посуду в воде, чтобы помыть её. Для этой же цели все «крестили» свои руки в воде. Каждый человек часто «крестился», отправляясь в баптистерий, то есть в бассейн, для этой цели. Об этом же говорит слово «баптистерий». Баптистерий был и остаётся местом, куда люди отправляются, чтобы полностью погрузиться под воду.

Но это ещё не «крещение во Христа». Это всего лишь показывает, какими должны быть наши отношения с Ним, когда мы крещены в Него. Нам необходимо полностью раствориться и потеряться в Его жизни. Только Христос с тех пор должен проявляться в нас, так чтобы «уже не я, но Христос» жил в нас, ибо «мы погребены с Ним крещением в смерть» (Римлянам 6:4). Крещение спасает нас «воскресением Иисуса Христа» из мёртвых (1-е Петра 3:21), потому что мы «в смерть Его крестились», чтобы «как Христос воскрес из мёртвых славою Отца, так и нам ходить в обновлённой жизни». Примирившись с Богом смертью Христа, мы «спасаемся жизнью Его» (Римлянам 5:10). Итак, крещение во Христа, не просто форма, а факт, спасает нас.

Это крещение и является «обещанием Богу доброй совести». Если бы не было при этом доброй совести по отношению к Богу, то не было бы и христианского крещения. Поэтому, кандидат на крещение должен быть достаточно взрослым, чтобы понимать этот вопрос. Он должен иметь осознание греха, а также понимать прощение Христово. Он должен знать ту жизнь, которая будет в нём проявляться, и должен добровольно отказаться от своей старой жизни греха в пользу новой жизни праведности.

Крещение – это «не плотской нечистоты омытие» (1-е Петра 3:21), не внешнее очищение тела, а очищение души и совести. Это – «открытый источник омытия греха и нечистоты» (Захария 13:1), и этот источник есть кровь, жизнь Христа. Эта жизнь течёт потоком от трона Божьего, посреди которого – Агнец закланный (Откровение 5:6), также как она текла и из пронзённого бока Христа, висевшего на кресте. Когда «посредством вечного Духа» Он принёс Себя Богу, из Его бока вытекла вода и кровь (От Иоанна 19:34), ибо «три свидетельствуют: Дух, вода и кровь; и сии три об одном» (1-е Иоанна 5:8, R.V.). Всё это также объединено со «Словом», которое суть Дух и жизнь (От Иоанна 6:63). Христос «возлюбил Церковь и предал Себя за неё, чтобы освятить её, очистив банею водною посредством Слова» (Ефесянам 5:25, 26). Буквально сказано «омывши в ванне Слова». Пережив погребение в воде, во имя Отца, Сына и Святого Духа, искренний верующий заявляет тем самым о своём принятии воды жизни, крови Христа, которая очищает от всякого греха, и говорит, что он с этого дня отдаёт себя для жизни «всяким словом, исходящим из уст Божьих». И с того часа он сам исчезает из виду, и только жизнь Христа проявляется в его смертной плоти.

Едины во Христе – Семени

«Нет уже Иудея, ни язычника; нет раба, ни свободного; нет мужеского пола, ни женского: ибо все вы одно во Христе Иисусе». «Нет различия». Это ключевая истина евангелия. Все люди – грешники, и все спасаются одним и тем же способом. Те, кто создают различия на основе национальности, заявляя о какой-то разнице между иудеем и язычником, должны также создавать различия и на основе пола, заявляя о том, что женщины не могут спасаться тем же способом и в то же время, что и мужчины, или что раб не может спасаться тем же способом, что и его господин. Но нет же, путь спасения один для всех, и все человеческие существа, какой бы они ни были расы или сословия, равны перед Богом. «Все вы одно во Христе Иисусе», а Христос – Един. Поэтому мы и читаем: «Не сказано: и потомкам, как бы о многих, но как об одном: и Семени твоему, которое есть Христос». «Ибо вы одно во Христе Иисусе. Если же вы Христовы, то вы семя

Авраамово и по обетованию наследники». Существует только одно семя, но оно включает в себя всех тех, кто Христовы.

Только Один Человек

Облекаясь во Христа, мы «облекаемся в нового человека, созданного по Богу, в праведности и святости истины» (Ефесянам 4:24). Он упразднил в Своей плоти вражду – плотский ум – «дабы из двух создать в Себе Самом одного нового человека» (Ефесянам 2:15). Он один является настоящим человеком – «Человеком Христом Иисусом». Вне Его не существует подлинной человечности. Мы приходим в возраст «мужа совершенного» только когда мы достигаем «меры полного возраста Христова» (Ефесянам 4:13). При наступлении полноты времени Бог соберёт вместе воедино всех во Христе. И будет один Человек, и праведность только одного Человека, точно, как и семя упоминается в единственном числе. Но «Если вы Христовы, то вы семя Авраамово, и по обетованию наследники».

«До времени пришествия Семени»

Не нужно много слов для того, чтобы дать понять значение выражения «до времени пришествия семени, которому было дано обетование». Мы знаем, что такое семя, – это всё, кто Христовы, – и мы знаем, что это число ещё не достигло своей полноты. И в самом деле, Христос однажды пришёл на землю во плоти, но Он получил не больше обещанного наследия, чем Авраам. Авраам не получил наследства даже на стопу ноги (Деяния 7:5), и Христу на этой земле «не было где приклонить Свою голову». Более того, Христос не может получить наследство раньше Авраама, ибо наследие это было обещано «Аврааму и его семени». Господь через пророка Иезекииля сказал об этом наследстве в то время, когда потомки Давида уже перестали царствовать на его земном троне, и он предсказал падение Вавилона, Персии, Греции и Рима, следующими словами: «Сними с себя диадему и сложи венец; этого уже не будет; униженное возвысится и высокое унизится. Низложу, низложу, низложу, – и его не будет, доколе не придёт Тот, Кому принадлежит он, и Я дам Ему» (Иезекииль 21:26, 27).

Итак, Христос воссел на троне Своего Отца, «ожидая пока Его враги положены будут под ноги Его». Скоро Он придёт, но придёт не раньше того дня, когда самая последняя душа, которая может принять спасение, примет это спасение. Те, кто водим Духом Божьим, являются сыновьями Божьими, и сонаследниками со Христом, так что Христос не получит Своего наследия прежде них. Семя одно, и оно не разделено на части. Когда Он придёт совершить суд, и лишить жизни тех, кто сказал: «Не желаем, чтобы этот Человек царствовал над нами», Он придёт «со тьмами святых ангелов Своих» (Иуды 1:14).

Тогда семя станет цельным и полным, а обетование исполнится. Но до этого времени закон будет прилежно исполнять свою задачу пробуждения и беспокойства совести грешников, не давая им покоя до тех пор, пока они не отождествятся со Христом, или окончательно не отвергнут Его. Принимаете ли вы эти условия? Прекратились ли ваши жалобы на закон, который может сохранить вас от последнего фатального шага в небытие? Принимаете ли вы праведность закона, которую можно найти только во Христе? В таком случае, как семя Авраама и наследники по обетованию, вы можете радоваться своей свободе от рабства греха, воспевая:

«Я – дитя Царя,
 Я – дитя Царя,
С Иисусом, моим Спасителем,
 Я – дитя Царя».

Глава 4

Усыновление

Краткий обзор

Совершенно невозможно полностью исчерпать какой-либо текст Писания. Чем больше мы изучаем его, тем больше нового в нём видим. Более того: чем больше мы изучаем, тем больше мы начинаем понимать, что в данном тексте сокрыто гораздо больше того, что сейчас открывается нашему взору. Слово Божье, как и Самого Бога, совершенно невозможно понять до конца. Наше понимание любого текста Писания зависит от того, насколько мы поняли предшествующие ему тесты. Поэтому обратим наше пристальное внимание к той порции третьей главы данного послания, которая говорит о «Семени».

Семя

Прежде всего необходимо помнить, что этим «Семенем» является Христос. Об этом сказано ясно. Но Христос жил не для Себя, поэтому и Наследником Он стал не только для Себя самого. Он заслужил наследие не для Себя, а для Своих «братьев». Божье намерение заключается в том, чтобы «соединить всех во Христе». Он, наконец, положит конец всяким разделениям, и Он делает это уже сейчас в сердцах тех, кто принимает Его. Во Христе не существует разделений на национальности, нет никаких классов и рангов. Ни один христианин не думает о других людях как об англичанах, немцах, французах, русских, турках, китайцах или африканцах. В его глазах люди – это просто люди, и поэтому все они – потенциальные наследники Божьи через Христа. Если другой человек, независимо от его национальности или гражданства, является таким же христианином, то эта связь становится взаимной, а значит, ещё более крепкой. «Нет уже Иудея, ни язычника; нет раба, ни свободного; нет мужеского пола, ни женского: ибо все вы одно во Христе Иисусе». По этой причине христианин не может принимать участие в войне. Он не знает никаких различий в национальностях, и относится ко всем людям как к своим братьям. Но главная причина, по которой он не может участвовать в войне, заключается в том, что жизнь Христа уже стала его жизнью, ибо он един со Христом. Поэтому для него воевать было бы также невозможно, как Христу схватить меч и махать им для защиты от Себя самого. Два христианина могут воевать друг с другом не больше, чем Христос может воевать Сам с Собой.

Тем не менее, мы сейчас не собираемся обсуждать тему войны, но просто желаем показать абсолютное единство верующих во Христа. Они едины. Поэтому существует только одно Семя, то есть Христос; и сколько бы миллионов истинных верующих ни было, все они едины во Христе. Каждый из них имеет свою индивидуальность, но в каждом отдельном случае эта индивидуальность будет всего лишь проявлением какой-то стороны и качества индивидуальности Христа. В человеческом теле много членов, и все члены имеют свою индивидуальную функцию, а поэтому и отличаются друг от друга своей индивидуальностью. И всё же каждое здоровое тело живёт в абсолютном единстве и гармонии своих органов. У тех же, кто облёкся в нового человека, который обновляется в познании по образу Сотворившего его, «нет ни Еллина, ни Иудея, не обрезания, не необрезания, варвара, Скифа, раба или свободного, но всё и во всём Христос» (Колоссянам 3:11).

Жатва

Христос, объясняя притчу о пшенице и плевелах, говорит: «доброе семя – это сыны Царствия» (От Матфея 13:38). Плевелы не позволяется вырывать из пшеницы, потому что на ранней стадии роста трудно отличить ростки сорняка от ростков злака, и можно по ошибке нанести вред урожаю пшеницы. Поэтому Иисус сказал: «Оставьте расти вместе то и другое до жатвы; и во время жатвы я скажу жнецам: соберите прежде плевелы и свяжите их в связки, чтобы сжечь их, а пшеницу уберите в житницу мою». Семя собирается во время жатвы. Об этом знают все. Но данная притча особым образом показывает, что во время жатвы семя созревает и полностью открывается. Короче говоря, жатва ожидает созревания семени. Жатва начнётся, как только семя полностью созреет и вырастет. Жатва же – это «кончина века». Поэтому время «пришествия семени, к которому относится обетование» – это время «кончины века», или время исполнения обещания о новой земле. Нельзя говорить о пришествии семени до этого времени, поскольку «кончина века» настанет только тогда, когда последний человек, который может принять Христа, сделает этот выбор; ведь «семя» не будет полным до тех пор, пока в нём не будет хватать хотя бы одного зернышка.

Теперь прочтём из 19-го текста третьей главы о том, что закон был провозглашён по причине преступления, «до времени пришествия семени, которому было дано обетование». Что мы узнаём из этих слов? Мы узнаём простой факт: закон, провозглашённый с горы Синай, включая каждую его букву, является неотъемлемой частью евангелия, и должен открываться людям как часть этого евангелия до самого второго пришествия Христа, или до самой «кончины века». «Небо и земля прейдут, но ни одна йота и ни одна черта не прейдет из закона». А как же насчёт времени, когда небо и земля прейдут, и появятся новое небо и новая земля? – Тогда закон, как нечто записанное в книге, уже будет не нужен. Не нужно будет и проповедовать о нём грешникам, показывая им их грехи; ибо закон будет в сердце каждого человека (Евреям 8:10, 11). Неужели закон будет упразднён? Ни в коем случае. Закон будет навеки записан в самом сердце каждого человека, записан не чернилами, а Духом Бога живого.

Помня эту истину о семени, а также притчу о пшенице и плевелах, мы продолжим наше изучение.

Ещё скажу: наследник, доколе в детстве, ничем не отличается от раба, хотя и господин всего: он подчинён попечителям и домоправителям до срока, отцом назначенного. Так и мы, доколе были в детстве, были порабощены вещественным началам мира; но когда пришла полнота времени, Бог послал Сына Своего (Единородного), Который родился от жены, *родился под законом*, чтобы искупить подзаконных, дабы нам получить усыновление. А как вы – сыны, то Бог послал в сердца ваши Духа Сына Своего, вопиющего: «Авва, Отче!» Посему ты уже не раб, но сын; а если сын, то и наследник Божий через Иисуса Христа.

Но тогда, не зная Бога, вы служили богам, которые в существе не боги. Ныне же, познав Бога, или, лучше, получив познание от Бога, для чего возвращаетесь опять к немощным и бедным вещественным началам и хотите ещё снова поработить себя им? Наблюдаете дни, месяцы, времена и годы. Боюсь за вас, не напрасно ли я трудился у вас.

Прошу вас, братия, будьте, как я, потому что и я, как вы. Вы ничем не обидели меня: знаете, что, хотя я в немощи плоти благовествовал вам в первый раз, но вы не презрели искушения моего во плоти моей и не возгнушались им, а приняли меня, как ангела Божия, как Христа Иисуса. *Где же теперь ваше блаженство?* Свидетельствую о вас, что, если бы возможно было, вы исторгли бы очи свои и отдали мне. Итак, неужели я сделался врагом вашим, говоря вам истину? Ревнуют по вас нечисто, а хотят вас отлучить, чтобы вы ревновали по них. Хорошо ревновать в добром всегда, а не в моём только присутствии у вас. Дети мои, для которых я снова в муках рождения, доколе не изобразится в вас Христос! Хотел бы я теперь быть у вас и изменить голос мой, потому что я в недоумении о вас.

Скажите мне вы, желающие быть под законом: разве вы не слушаете закона? Ибо написано: «Авраам имел двух сыновей, одного от рабы, а другого от свободной». Но который от рабы, тот рождён по плоти; а который от свободной, тот по обетованию. В этом есть иносказание. *Эти женщины обозначают* два завета: один от горы Синайской, рождающий в рабство, который есть Агарь, ибо Агарь означает гору Синай в Аравии и соответствует нынешнему Иерусалиму, потому что он с детьми своими в рабстве; а вышний Иерусалим свободен: он – матерь всем нам. Ибо написано: «возвеселись, неплодная, нерождающая; воскликни и возгласи, не мучившаяся родами; потому что у оставленной гораздо более детей, нежели у имеющей мужа». Мы, братия, дети обетования, *каким был* Исаак. Но, как тогда рождённый по плоти гнал рождённого по духу, так и ныне. Что же говорит Писание? «Изгони рабу и сына её, ибо сын рабы не будет наследником вместе с сыном свободной». Итак, братия, мы дети не рабы, но свободной (Послание к Галатам, 4-я глава, «Пересмотренный перевод» – R.V.).

Констатация факта

Необходимо понимать, что все деления этого послания на главы никак не влияют на его содержание. Третья глава оканчивается утверждением о том, кто же является наследником, а четвертая глава продолжает исследовать вопрос наследия. Первые два текста объясняют сами себя. Они просто констатируют факт. Хотя ребёнок и может быть наследником большого имения, он имеет над этим имением не больше власти, чем раб, пока он не достиг определённого возраста. И если бы он никогда не достиг этого возраста, то он так никогда бы и не получил своё наследство. Что касается прав на наследство, он в таком случае жил бы всю свою жизнь как раб. А теперь ...

Практическое применение

«Так и мы, доколе были в детстве, были порабощены вещественным началам мира». Если мы взглянем на пятый текст, мы увидим в нём, что состояние, которое здесь описывается словом «детство», относится к тому времени, когда мы ещё не приняли «усыновление». Это слово указывает на наше состояние перед тем, как мы принимаем искупление от проклятия закона, то есть указывает на наше состояние перед нашим обращением. Поэтому данное слово не может означать детей Божьих, которые отличны от мирских людей. Оно означает тех «детей», о которых апостол говорит в Послании к Ефесянам (4:14), упоминая «младенцев», «колеблющихся и увлекающихся всяким ветром учения, по лукавству человеков, по хитрому искусству обольщения». Короче говоря, это слово относится к нам в нашем необращённом состоянии, ко времени, когда мы «были по природе детьми гнева, как и прочие».

Вещественные начала мира

«Когда мы были детьми», мы были в рабстве у «вещественных начал мира». Никто из тех, кто хоть немного знаком с Господом, не нуждается в доказательствах того, что «вещественные начала мира» не имеют ничего общего с Ним, и не исходят от Него. «Ибо всё, что в мире: похоть плоти, похоть очей и гордость житейская, не есть от Отца, но от мира сего. И мир проходит, и похоть его» (1-е Иоанна 2:16, 17). Дружба с миром есть вражда против Бога. «Кто хочет быть другом миру, тот становится врагом Богу» (Иакова 4:4). Именно от этого «настоящего лукавого мира» Христос пришёл нас спасти. Мы призваны «Смотреть, чтобы кто не увлёк нас философиею и пустым обольщением, по преданию человеческому, по стихиям мира, а не по Христу» (Колоссянам 2:8). Рабство «вещественным началам мира» — это состояние жизни «по обычаю мира сего», «по нашим плотским похотям», «исполняя желания плоти и помыслов», и это именно состояние «детей гнева по природе» (Ефесянам 2:1-3). Это то же самое рабство, которое описано в 3-й главе Послания к

Галатам (стихи 22-24), состояние «до пришествия веры», когда мы ещё были «под законом», или «под грехом». Это состояние людей, которые «были без Христа, отчуждены от общества Израильского, чужды заветов обетования, не имели надежды и были безбожники в мире» (Ефесянам 2:12)

Все люди – потенциальные наследники

Может возникнуть вопрос: «Если таково состояние тех, кто назван «детьми», то разве можно говорить о них как о «наследниках»? Ответ на этот вопрос прост. Он содержится в принципе семени, которого не видно до самой жатвы. Бог не отверг человечество. Поэтому, если первый из сотворённых людей был назван «сыном Божьим», то из этого следует, что и все остальные люди являются потенциальными наследниками, хотя и пребывают в незрелом состоянии. Как уже было сказано, «перед пришествием веры», хотя все мы блуждали вдалеке от Бога, мы всё же находились «под законом», под властью этого сурового господина, были «заключены», чтобы нас можно было подвести к принятию обетования. Какое это благословение – знать, что Бог считает даже безбожников, находящихся в рабстве греха, Своими детьми, – заблуждающимися, блудными сыновьями, но всё же детьми. Бог «принял» всех людей «в Возлюбленном» Иисусе Христе. Эта жизнь дана нам только в качестве испытания, дана с целью дать нам шанс признать Бога своим Отцом, и стать Его детьми во всех отношениях. Но если мы не вернёмся к Нему, мы так и умрём рабами греха.

«Полнота времени»

Христос пришёл, когда настала полнота времени. Об этом же говорится и в Послании к Римлянам (5:6): «Ибо Христос, когда ещё мы были немощны, в определённое время умер за нечестивых» (Римлянам 5:6). Однако смерть Христа также действенна для тех, кто живёт сегодня, как была она действенной для тех, кто жил до Его пришествия «во плоти», во времена древних иудеев, и как действовала она для тех, кто жил во время Его земной жизни. Его смерть произвела не больше изменений восемнадцать веков назад, чем четыре тысячи лет назад. Она повлияла на современников Иисуса не больше, чем на любое другое поколение. Она случилась однажды, но повлияла на все времена, и поэтому имеет одинаковое значение и влияние в каждом веке. «Полнота времени» была временем, предсказанным в пророчестве, временем, когда Мессия должен был явиться. Но искупление – одно и то же для всех людей во все века. Христос был «предназначен» прежде основания мира, но «явился в эти последние дни» (1-е Петра 1:20). Если бы Божий план состоял в том, чтобы Иисус был явлен в нашем столетии, или даже в последнем году истории мира, на евангелие это бы никак не подействовало. «Он всегда жив», и всегда жил, и Он «вчера и сегодня и вовеки тот же». Именно посредством «вечного Духа» Он являет Себя нам (Евреям 9:14). Поэтому Его жертва одинаково жива и действенна в каждом столетии.

«Рождён от жены»

Бог послал Своего Сына, Который был рождён от женщины, а значит родился самым настоящим человеком. Он прожил в этой плоти среднюю по продолжительности жизнь на этой земле, знает обо всех болезнях и испытаниях, которые выпадают на долю «человека, рождённого от женщины». «Слово стало плотью». Христос всегда говорил о Себе как о «Сыне Человеческом», показывая таким образом Своё вечное отождествление со всей человеческой расой. Связи этого единства никогда не могут быть разорваны.

«Родился под законом»

Родившись от женщины, Христос обязательно должен был родиться «под законом», ибо таково состояние всего человечества. «Посему Он должен был во всём уподобиться братьям, чтобы быть милостивым и верным Первосвященником пред Богом, для умилостивления за грехи народа» (Евреям 2:17). Он взял всё на Себя. Он понёс наши скорби и печали. «Он взял на Себя наши немощи и понёс болезни» (От Матфея 8:17, R.V.). «Все мы блуждали, как овцы, совратились каждый на свою дорогу: и Господь возложил на Него грехи всех нас». Он искупил нас, заняв наше место в буквальном смысле, переложив на Себя весь груз с наших плеч. «Ибо незнавшего греха Он *сделал грехом для нас*, чтобы мы в Нём сделались праведными пред Богом» (2-е Коринфянам 5:21, R.V.). В самом полном смысле слова, в такой степени, которую обычно редко себе представляют, произнося эти слова, Он стал Заместителем человека. Это значит, что Он настолько пропитался нашим существом, настолько полно отождествил Себя с нами, что всё, происходящее с нами и влияющее на нас, происходит с Ним и влияет на Него. Он не является нашим Заместителем в том смысле, в котором один человек может быть заместителем другого, к примеру, в армии, когда заместитель находится в одном месте, а человек, которого он замещает, в другом месте, занимаясь какими-то другими делами. Нет. Христос – Заместитель совсем другого рода. Он наш Заместитель в том смысле, что Он заменяет нас Собой, и мы уже не появляемся в поле зрения. Мы полностью уступаем место, так что уже живу «не я, но Христос». Так мы и возлагаем на Него свои заботы, – не беря их в руки, чтобы затем возложить их на Него, применяя свою силу, а смиряя себя, понимая, что мы – ничто (а это правда), – и таким образом оставляем наше бремя на Нём одном. Итак, мы уже видим, каким образом Он пришёл к нам ...

«чтобы искупить тех, кто под законом».

И Он делает это самым практичным и реальным способом. Кого же Он делает искупленными? – «Тех, которые были под законом». Мы не можем здесь не вспомнить о том мнении, согласно которого выражение «искупить тех, кто был под законом» имеет некое ограниченное применение. Согласно этому мнению, данное выражение означает, что Христос освободил иудеев от необходимости приносить жертвы, или от каких-то других обязанностей соблюдать заповеди. Предположим на минуту, что это выражение и в самом деле относится только к иудеям, особенно к тем, кто жил во время первого пришествия Господа. Что же за этим следует? – За этим следует, что, принимая данный взгляд, мы сами себя лишаем какого-либо места в плане искупления. Ведь если только лишь иудеи были «под законом», то Христос пришёл искупить только иудеев. Неужели мы желаем лишить себя спасения, принимая эту точку зрения в вопросе искупления? Если нет, то нам нужно признать тот факт, что перед тем, как мы уверовали, мы были (или остаёмся до сих пор, если не уверовали) «под законом», ибо Христос пришёл для искупления никого другого, кроме тех, кто «под законом». Быть «под законом», как мы уже выяснили, означает быть осуждённым этим законом как преступник. Христос пришёл призвать «не праведников, а грешников к покаянию». Но закон осуждает только тех, кто должен его соблюдать, на кого он распространяется. Следовательно, искупление от закона, которое Иисус совершает, искупление от осуждения этого закона, даёт нам все возможности жить жизнью послушания этому закону.

«Дабы мы могли принять усыновление»

«Возлюбленные, мы теперь дети Божии» (1-е Иоанна 3:2). «А тем, которые приняли Его, верующим во имя Его, дал власть быть чадами Божиими» (От Иоанна 1:12). Это состояние совершенно отличается от того состояния, которое названо в третьем стихе изучаемой нами главы словом «дети». В том, прежнем состоянии мы описаны как «народ мятежный, дети лживые, дети, которые не хотят слушать закона Господня» (Исаия 30:9). Веруя в Иисуса и принимая усыновление, мы уже становимся «как послушные дети, не сообразуясь с прежними похотями, бывшими в неведении нашем» (1-е Петра 1:14). Христос сказал: «Я желаю исполнить волю Твою, Боже мой, и закон Твой у меня в сердце» (Псалтирь 39:9). Из этого следует, что, когда Он становится нашим Заместителем, как об этом сказано в предпоследнем параграфе, буквально занимая наше место, не вместо нас, а вселяясь в нас самих, живя нашей жизнью в нас и за нас, то в результате этого тот же самый закон будет и в наших сердцах, когда мы примем это усыновление.

Свидетельство Духа

«Дух свидетельствует, потому что Дух есть истина» (1-е Иоанна 5:6, KJV). «А как вы – сыны, то Бог послал в сердца ваши Духа Сына Своего, вопиющего: «Авва, Отче!»». Какая радость и мир приходят в сердце, когда там поселяется Дух в качестве постоянного жителя; не просто в качестве Гостя, а в качестве единственного Хозяина! Оправдываясь верою, мы имеем мир с Богом через Господа нашего Иисуса Христа, и поэтому мы «радуемся в Боге», радуясь даже в испытаниях, имея надежду, которая не знает разочарований, потому что «любовь Божья излилась в сердца наши Духом Святым, данным нам» (Римлянам 5:1-5). И тогда мы можем любить так, как любит Бог; ведь мы имеем ту же самую любовь, потому что мы стали причастниками божественной природы. «Сей самый Дух свидетельствует духу нашему, что мы – дети Божии». «Верующий в Сына Божия имеет свидетельство в себе самом».

«Уже не раб, но сын»

«Ты уже не раб, но сын». Мы увидим, что существует два типа рабов, как и два типа детей. В первой части этой главы мы видели как слово «дети» обозначает тех, кто ещё не имеет «полного возраста», и их чувства «не приучены навыком к различению добра и зла» (Евреям 5:14). К ним тоже относится обетование, как и «ко всем дальним», ожидая их решения принять его, став причастниками божественной природы, и реальными детьми Божьими. Но, оставаясь «детьми гнева», люди остаются рабами греха, а не слугами Божьими. Сын Божий является Рабом, но Рабом в совершенно другом смысле, чем те «рабы», о которых мы сейчас говорим. Характер раба зависит от господина, которому он служит. В данной же главе слово «раб» вне всяких сомнений относится не к рабам Божьим, которые ещё являются и Его детьми, а к рабам греха. Между таким рабом и сыном существует огромная разница. Раб не может иметь никакого имущества; он не имеет власти над самим собой, и в этом его главная отличительная характеристика. Сын же, родившийся свободным, наоборот, имеет власть над всем творением Божьим, как в самом начале мироздания, потому что он одержал победу над самим собой; ибо «Долготерпеливый лучше храброго, и владеющий собою лучше завоевателя города».

«А если сын, то и наследник»

Когда блудный сын бродил далеко от отчего дома, он ничем не отличался от раба, потому что он и был рабом, выполняя самую грязную работу. В этом же состоянии он вернулся в свой прежний дом, считая, что не заслуживает лучшего места, чем место раба в этом доме. Но отец увидел его ещё задолго до его прихода, и побежал к нему сам, и принял его как сына, а значит, как наследника, хотя он потерял все свои права на наследство. Мы тоже потеряли наше право называться сыновьями, и растратили всё своё наследие; всё же Бог принимает нас во Христе как настоящих сыновей, и дарует нам те же права и привилегии, которые имеет Христос. И хотя Христос сейчас на небесах, одесную Бога, «превыше всякого начальства, и власти, и силы, и господства, и всякого имени, именуемого не только в сём веке, но и в будущем» (Ефесянам 1:20, 21), Он не имеет ничего такого, что Он не разделял бы с нами, ибо «Бог, богатый милостью, по Своей великой любви, которою возлюбил нас, и нас, мёртвых по преступлениям, оживотворил со Христом, – благодатью вы спасены, – и воскресил с Ним, и посадил на небесах во Христе Иисусе» (Ефесянам 2:4-6). Христос прямо сегодня разделяет с нами и все наши страдания, чтобы мы были едины с Ним, отражая прямо сегодня Его славу. Он «возвысил смиренных». Даже сейчас «из праха подъемлет Он бедного, из брения возвышает нищего, посаждая с вельможами, и престол славы даёт им в наследие» (1-я Царств 2:8). Ни один царь на земле не имеет таких владений, и такой действенной и реальной власти, как самый нищий крестьянин, который знает Господа как своего Отца.

Языческое рабство

Апостол Павел, обращаясь к коринфянам, пишет: «Вы знаете, что когда вы были язычниками, то ходили к безгласным идолам, так, как бы вели вас» (1-е Коринфянам 12:2). Галаты были такими же. Им он писал: «Тогда, не зная Бога, вы служили богам, которые в существе не боги». Помня об этом, читатель спасёт себя от очень распространённых заблуждений в отношении этого послания. Галаты были язычниками, поклонялись идолам, и были в рабстве у самых низменных суеверий. Будем помнить о том, что это рабство было тем же рабством, о котором говорится в предыдущей главе – когда они были «заключены» «под законом». В этом же рабстве находятся все необращённые люди, ибо во второй и третьей главах Послания к Римлянам мы узнаём о том, что «нет различия, ибо все согрешили». Сами иудеи, не знавшие Господа лично, в своём персональном опыте были в том же рабстве – в рабстве греха. «Всякий делающий грех, есть раб греха» (От Иоанна 8:34, R.V.). А «кто делает грех, тот от диавола» (1-е Иоанна 3:8). «Язычники, принося жертвы, приносят бесам, а не Богу» (1-е Коринфянам 10:20). Если человек не является христианином, он является язычником. Нейтральной позиции здесь не существует. Если христианин предаётся отступничеству, он немедленно становится язычником. Мы сами когда-то жили «по обычаю мира сего, по воле князя, господствующего в воздухе, духа, действующего ныне в сынах противления» (Ефесянам 2:2), и «были некогда несмысленны, непокорны, заблуждшие, были рабы похотей и различных удовольствий, жили в злобе и зависти, были гнусны, ненавидели друг друга» (Титу 3:3, R.V.). Поэтому мы тоже были в рабстве и «служили богам, которые в существе не боги». И чем злобнее господин, тем хуже рабство. Каким же языком можно описать ужас рабства «самому тлению»?

Любовь к рабству

«Ныне же, познав Бога, или, лучше, получив познание от Бога, для чего возвращаетесь опять к немощным и бедным вещественным началам и хотите ещё снова поработить себя им?» Разве не странно наблюдать, как человек любит цепи своего же рабства? Христос провозгласил «пленным освобождение и узникам открытие темницы» (Исаия 61:1), говоря заключённым: «выходите», и тем, кто во тьме: «покажитесь» (Исаия 49:9); и тем не менее люди, которые слышали эти слова, которые вышли, которые увидели свет «Солнца праведности», которые знают сладкий вкус свободы, повернулись назад и вернулись в свою темницу, подчинившись своим старым цепям, любя их, и преклоняясь под тяжелое ярмо греха. Кто из нас не имел подобного опыта? Это не пустые разговоры. Это факт: люди могут любить самые отвратительные вещи, даже саму смерть; ибо Мудрость гласит: «Все ненавидящие Меня любят смерть» (Притчи 8:36). В Послании к Галатам мы имеем живой пример реального человеческого опыта.

Соблюдение языческих обычаев

«Наблюдаете дни, месяцы, времена и годы». Это было доказательством их рабства. Кто-то скажет: «Да, они вернулись к старой иудейской субботе; это и было рабством, против которого Павел предупреждает и нас!» Странно наблюдать такую неистовую ненависть многих к субботе, которую Сам Господь дал как иудеям, так и всем остальным людям нашей планеты, что из-за этой ненависти они хватаются за каждое слово, которое по их мнению может помочь им в их аргументах, хотя при этом закрывают глаза на все остальные слова, которые находятся тут же, рядом с этим словом! Любой читающий Послание к Галатам и вдумывающийся в текст при своём чтении этого письма, поймёт, что галаты не были иудеями. Они обратились из язычников. Поэтому перед своим обращением они не имели никакого отношения к каким-либо иудейским религиозным обрядам. У них вообще не было ничего общего с иудеями. Следовательно, когда они снова обратились к «бедным и немощным вещественным началам», которым они снова захотели подчиняться и быть в рабстве, они, конечно, не возвращались ни к каким иудейским постановлениям. Они возвращались к своим старым языческим обычаям. «Но разве не иудеями были те, кто соблазнил их и ввёл в заблуждение?» – Да, они были иудеями. Но будем помнить одно: когда человека пытаются отвратить от Христа к какому-то Его «заменителю», невозможно сказать точно, где тот человек остановится, идя по этому пути отступничества. Вы не сможете остановить его там, где вам хочется. Если обращённый пьяница потеряет веру во Христа, он снова вернётся к своим же скверным привычкам, – можете быть уверены в этом, – хотя Господь возможно и забрал у него эти греховные желания. Поэтому, когда те «лжебратья», иудеи, противящиеся «истине евангельской» как она есть во Христе, преуспели в том, чтобы увести галат от Христа, то они не могли уже остановить их на одних только церемониях иудаизма. Нет. Соблазнённые ими братья неотвратимо вернулись к своим старым языческим суевериям.

Запретные практики

Прочтите снова десятый текст, а затем текст из книги Второзаконие (18:10): «не должен находиться у тебя проводящий сына своего или дочь свою через огонь, прорицатель, гадатель, ворожея, чародей». А сейчас прочтём, что Господь говорит язычникам, которые желают избежать праведного суда, грядущего на них: «Ты утомлена множеством советов твоих; пусть же выступят наблюдатели небес и звездочеты и предвещатели по новолуниям, и спасут тебя от того, что должно приключиться тебе» (Исаия 47:13). Здесь мы видим, что как раз те обычаи, к которым возвращались галаты, были запрещены Господом, ещё когда Он выводил Израиль из Египта. С таким же успехом мы можем сказать, что Бог, запрещая все эти беззакония, предупреждал израильтян против соблюдения субботы, если мы утверждаем, что Павел отговаривал галат от её соблюдения, или если мы вообще связываем увещания апостола с субботой Господней. Ведь Бог запрещал все эти мерзости в то же самое время, когда Он дал заповедь о соблюдении субботы. Галаты настолько далеко ушли в свою прошлую жизнь, что Павел стал опасаться, как бы все его труды не оказались напрасными. Они оставляли Бога и возвращались к «бедным и немощным вещественным началам мира», которые ни один благочестивый человек не станет считать признаком какой-то связи с Богом. Они променяли свою славу на «то, что не помогает» (Иеремия 2:11); ибо «обряды языческие – одна суета».

Мы подвержены такой же опасности в этом отношении, как и любой другой человек в любое время. Любой, доверяющий себе самому, имеющий хоть какую-то надежду на плоть, поклоняется делам своих собственных рук вместо Бога, и является таким же язычником, как и все делающие и поклоняющиеся литым кумирам и идолам. Человек с большой готовностью доверяется своей собственной мудрости, своей способности «позаботиться о себе», и быстро забывает о том, что даже мысли самого мудрого человека – суета, и что нет силы, кроме той, которая от Бога. «Да не хвалится мудрый мудростью своею, да не хвалится сильный силою своею, да не хвалится богатый богатством своим. Но хвалящийся хвались тем, что разумеет и знает Меня, что Я – Господь, творящий милость, суд и правду на земле; ибо только это благоугодно Мне, говорит Господь» (Иеремия 9:23, 24).

Вестника невозможно оскорбить

«Тот, кого послал Бог, говорит слова Божьи» (От Иоанна 3:34). Апостол Павел был послан Богом и Господом Иисусом Христом, и говорил не свои собственные слова. Он был вестником, несущим весть от Бога, а не от какого-либо человека. Это дело делал не он, и никакой другой человек, а Бог. Он же был всего лишь смиренным инструментом, глиняным сосудом, избранным Богом в качестве средства провозглашения Своего славного евангелия благодати. Поэтому Павел не чувствовал обиду, когда его весть не встречала понимание, или даже когда её отвергали. «Вы совсем не обидели меня», пишет он галатам. Он не жалел о том труде, который он совершал среди галат. Он не считал эти труды потерянным временем, переживая о том, что так много времени было потрачено впустую. Он боялся за них, чтобы его труды не оказались напрасными для них. Человек, который может от всего сердца сказать: «Не нам, Господи, не нам, но имени Твоему дай славу, ради милости Твоей, ради истины Твоей» (Псалтирь 113:9), не будет переживать личную обиду, если его весть не будет принята. Всякий, кто раздражается и гневается, встречая пренебрежение или насмешки в ответ на свои слова, показывает тем самым, что он либо забыл о том, что говорил слова Божьи, а не свои собственные, либо смешал с этими словами свои собственные слова, если вообще не заменил ими все слова Божьи. Вот что привело ко всем преследованиям, которые запятнали церковь, называющую себя христианской. Возникли люди, говорившие превратно, чтобы увлечь учеников за собою, и когда их слова и обычаи не принимались, они обижались, и применяли свои меры возмездия на так называемых «еретиков». Ни один человек во все века не переносил гонения за свою неспособность соблюдать заповеди Божьи. Всегда все преследования обрушивались на людей за их пренебрежение человеческими обычаями и традициями. Похвально быть ревностным сторонником добрых дел, но эта ревность должна гармонировать с освящёнными познаниями. Ревностный человек должен постоянно спрашивать себя: «Кому я служу?» Если он слуга Божий, тогда он будет доволен проповедью вести, доверенной ему Богом, доверяя суд и возмездие Богу, Который и должен их совершать.

Сила в немощи

«Вы знаете, что, хотя я в немощи плоти благовествовал вам в первый раз...» С самого начала данного послания мы можем воссоздать историю опыта, через который прошли галатийские братья, и выяснить отношение Павла к этому опыту. Оставшись в Галатии из-за физической немощи, он проповедовал евангелие «в явлении Духа и силы», так что люди видели Христа распятого прямо посреди них, и, принимая Его, исполнялись силой и радостью Святого Духа. Их радость и блаженство в Господе было испытано при всех, и они в результате этого пережили немалое преследование; но они сочли его за ничто. Павел, несмотря на свою непривлекательную внешность (читайте 1-е Коринфянам 2:1-5; 2-е Коринфянам 10:10), был принят как вестник Божий, из-за радостной вести, которую он им передал. Они настолько высоко оценили богатства благодати, которые он им открыл, что они с радостью отдали бы ему свои собственные глаза, чтобы восполнить его ограниченные физические возможности. Об этом было сказано для того, чтобы галаты могли увидеть, откуда они ниспали, и чтобы они, взглянув на свою теперешнюю наготу, могли понять, что апостол был совершенно бескорыстен в своей заботе о них. Он однажды возвестил им истину, и они обрадовались ей. Поэтому он не мог стать им врагом, продолжая возвещать им ту же самую истину.

Но в этих личных воззваниях есть нечто большее. Мы не должны думать, что Павел добивался их личной симпатии и жалости, говоря о своих скорбях, и о великих испытаниях, в которых он трудился. Нет, нет. Он ни на мгновение не терял из виду цель своего послания, а именно: показать, что «плоть не приносит никакой пользы», и что всё по-настоящему доброе исходит от Святого Духа Божьего. Галаты «начали в Духе». Павел был человеком невеликого роста, довольно слабого телосложения, и переживал особую проблему, когда впервые встретился с ними. И всё же, несмотря на его почти абсолютную беспомощность, он проповедовал евангелие с такой силой и могуществом, что никто не мог не увидеть реального, хотя и невидимого присутствия Божьего с ним. Евангелие исходит не от людей, а от Бога. И евангелие было открыто галатам не «плотью». Поэтому они не были обязаны «плоти» никаким из благословений, которые они получили. Какая же слепота, какая несмысленность была проявлена с их стороны, когда они возмечтали своими собственными силами довести до совершенства то, что начиналось исключительно силой Божьей! Но усвоили ли этот урок мы с вами?

Где же ваше блаженство?

Любой, имеющий хоть какое-то знакомство с Господом, знает, что принятие Его приносит радость. Мы всегда предвкушаем и ожидаем, что новообращённый христианин будет сиять от счастья и радостно свидетельствовать. Так же случилось и с галатами. Но теперь их поток благодарности сменился препирательствами и распрями (смотри Галатам 5:15). Разве не странно, что люди уже не ожидают увидеть опытных христиан такими же воодушевлёнными, как новообращённые? Почему представление о том, что радость и теплота первой любви постепенно угасает, принимается как нечто само собой разумеющееся? Такое бывает, но такого не должно быть. Бог свидетельствует Своему народу о том, что они оставили свою первую любовь (Откровение 2:4). «Стезя праведных – как светило лучезарное, которое более и более светлеет до полного дня» (Притчи 4:18). Заметьте то, как описана стезя праведных. Праведные – это те, кто живёт верой. Когда же человек отворачивается от веры, или пытается заменить её делами, свет покидает его. Иисус сказал: «Сие сказал Я вам, да радость Моя в вас пребудет, и радость ваша будет совершенна» (От Иоанна 15:11). Он дарует елей радости – Святого Духа – вместо плача, и причём навсегда. Жизнь явилась, дабы мы могли иметь полноту радости (1-е Иоанна 1:1-4). Источник жизни никогда не истощится. Этот поток никогда не иссякнет. Поэтому, если наш свет тускнеет, а наша радость уступает место унынию, монотонной рутине, мы можем быть уверены в том, что мы сами отвернулись от дороги жизни.

Желание быть под законом

«Скажите мне вы, желающие быть под законом: разве вы не слушаете закона?» После всего того, что мы уже узнали, пожалуй, никто не осмелится возразить, заявляя о том, что состояние «под законом» вовсе не плачевно, и заявляя это на том лишь основании, что в противном случае галаты не пожелали бы идти этим путём. «Есть пути, которые кажутся человеку прямыми, но конец их путь к смерти» (Притчи 16:25). Как много на свете тех, кто любит свою жизнь такой, какая она есть, даже когда все кроме них самих видят, что они идут к смерти! Да, многие, видя и понимая последствия своего выбора, настоятельно идут по нему, своевольно выбирая «временные греховные удовольствия» вместо праведности и долготы дней. Быть «под законом» Божьим означает быть осуждённым этим законом как грешник, скованный и обречённый на смерть. И, тем не менее, миллионы людей, помимо самих галат, возлюбили это состояние и до сих пор любят его. О, если бы они только прислушались к этому голосу! Нет никаких причин, по которым они бы не услышали этот голос, ибо он звучит с силой грома и молнии. «Имеющий уши слышать, да слышит».

«Что говорит закон?»

Он говорит: «Изгони рабу и сына её, ибо сын рабы не будет наследником вместе с сыном свободной». Он изрекает смерть на всех, кто ищет утешение в «вещественных началах мира». «Проклят всяк, кто не исполняет постоянно всего, что написано в книге закона». Куда же будет изгнан такой «лукавый раб»? – «Во тьму внешнюю, где будет плач и скрежет зубов». «Ибо вот, придёт день, пылающий как печь; тогда все надменные и поступающие нечестиво будут как солома, и попалит их грядущий день, говорит Господь Саваоф, так что не оставит у них ни корня, ни ветвей». Поэтому «помните закон Моисея, раба Моего, который Я заповедал ему на Хориве для всего Израиля, равно как и правила и уставы» (Малахия 4:1, 4). Все, кто «под законом», как бы они себя ни называли – иудеи или язычники, христиане или мусульмане, все находятся в рабстве у сатаны, в рабстве преступлений и грехов, – и они подлежат этому изгнанию. «Всякий делающий грех есть раб греха. Раб не пребывает в доме вечно; Сын пребывает вечно». Прославим же Бога за Его «усыновление».

«Два сына»

Ложные учителя желали убедить галатийских братьев в том, что, оставляя свою полную сердечную веру во Христа и переключаясь на дела, которые они могли делать сами, они становились бы детьми Авраама, и наследниками обетований, данных ему. Они забыли, что Авраам имел двух сыновей. Я лично разговаривал с иудеем «по плоти», который не знал о том, что Авраам имел больше одного сына. По всей видимости, многие христиане также считают, что быть потомком Авраама «по плоти» вполне достаточно для того, чтобы иметь часть в обещанном наследии. «Не плотские дети суть дети Божии, но дети обетования признаются за семя» (Римлянам 9:8).

Из двух сыновей Авраама один был «рождён по плоти», а другой – «по обетованию», или рождён от Духа. «Верою и сама Сарра (будучи неплодна) получила силу к принятию семени, и не по времени возраста родила, ибо познала, что верен Обещавший» (Евреям 11:11, R.V.). Агарь была рабыней-египтянкой. Дети рабыни всегда являются рабами, даже если их отец – свободный человек. Так и Агарь могла рождать детей только в рабство. Но задолго до того, как родился Измаил, Господь ясно показал Аврааму, который желал сделать своего раба Елиезера своим наследником, что обещанным ему наследником будет не раб, пусть даже родившийся в его доме, а свободный сын, или сын свободной женщины. Бог в Своём царстве рабов не держит.

«Это два завета»

Каковы же два завета? Это две женщины: Агарь и Сарра. Ибо мы читаем, что Агарь – это гора Синай, «которая рождает в рабство». Это значит, что, как Агарь не могла рождать никаких других детей кроме рабов, так и закон, даже тот закон, который был провозглашён Богом с Синая, не может рождать свободных людей. Он может только держать их в рабстве, и больше ничего. «Закон производит гнев, ибо законом познаётся грех». То же самое можно сказать и о завете, заключённом на Синае, ибо он состоял всего-навсего из обещания народа соблюдать этот закон, и поэтому имел не больше силы сделать их свободными, чем сам закон, – не больше силы, чем они уже имели в своём рабстве. Более того, этот завет «рождал в рабство», поскольку заключение ими этого завета было ничем иным, как их обещанием сделать себя праведными своими делами. Человек же сам по себе абсолютно «немощен».

Представьте себе эту ситуацию: Народ находился в рабстве греха; они не имели силы разорвать свои цепи; но провозглашение закона ничего не изменило в их положении; оно не привнесло ничего нового. Если кто-то сидит в тюрьме за своё преступление, вы не сможете дать ему свободу, читая ему уголовный кодекс. Ведь именно этот закон его туда отправил. Чтение ему этого закона будет его ещё больше угнетать.

Кто-то спросит: «В таком случае разве не Сам Бог завёл их в это рабство?» – Ни в коем случае. Ведь он не принуждал их заключать с Ним тот завет на Синае. За четыреста тридцать лет до этого Он заключил такой завет с Авраамом, которого было вполне достаточно для исполнения всех Его намерений. Этот завет был «утверждён во Христе», и поэтому был заветом, посланным свыше (смотри От Иоанна 8:23). Он содержал обещание о праведности как о свободном даре от Бога через веру, и относился ко всем народам. Все чудеса, которые Бог совершил, освобождая детей Израиля от Египетского рабства, были сделаны для того, чтобы показать Его силу освобождать как их, так и нас от рабства греха. Да, да, выход из Египта сам по себе был демонстрацией не только Божьей силы, но и Его желания вывести их из рабства греха, того рабства, в котором держит людей завет Синайский, потому что Агарь, которая представляет завет Синайский, была египтянкой. Поэтому, когда народ пришёл к горе Синай, Бог просто напомнил им о том, что Он для них уже сделал, а затем сказал: «Итак, если вы будете слушаться гласа Моего и соблюдать завет Мой, то будете Моим уделом из всех народов, ибо Моя вся земля» (Исход 19:5). Какой завет Он здесь имел в виду? – Конечно тот, который уже был в силе, то есть Его завет с Авраамом. Если бы они просто хранили Божий завет, или хранили Божье обещание, или хранили веру, – они были бы особенным и драгоценным сокровищем для Бога, ибо Бог, Владыка всей земли был способен сделать для них всё то, что Сам обещал. Тот факт, что они в своём самодовольстве поспешили опрометчиво взять на себя всю ответственность, не говорит о том, что Бог склонял их к заключению такого завета. Как раз наоборот. Он выводил их из рабства, а не заводил в рабство, и апостол ясно говорит нам о том, что завет, заключённый на Синае был ничем иным как рабством.

Более того, если бы только дети Израиля, вышедшие из Египта, ходили *«путями веры отца нашего Авраама, которую он имел ещё в необрезании»* (Римлянам 4:12, KJV), закон никогда бы не был провозглашён с Синая; «ибо не законом даровано Аврааму, или семени его, обетование – быть наследником мира, но праведностью веры» (Римлянам 4:13). Вера оправдывает, делает праведным; если бы этот народ имел веру Авраама, они имели бы и праведность, которую имел Авраам; и тогда бы не было никакой причины для провозглашения закона, который был «дан по причине преступлений». Закон был бы записан в их сердцах, и Богу не нужно было бы громогласно отрезвлять их и показывать им их состояние. Бог никогда не намеревался, и даже сейчас не намерен дать какому-то человеку праведность посредством закона, провозглашённого с Синая; об этом свидетельствует всё, что связано с горой Синай. И всё же закон есть истина, и должен соблюдаться. Бог вывел народ из Египта, «чтобы *они* соблюдали уставы Его и хранили законы Его» (Псалтирь 104:45). Мы не получаем жизнь, соблюдая заповеди. Наоборот, Бог даёт нам жизнь, способную эти заповеди соблюдать.

Два завета одновременно

Заметьте утверждение апостола, когда он пишет об этих двух женщинах, Агарь и Сарре: «Это два завета». В таком случае эти два завета существовали и во дни Авраама, имея все свои характеристики. Так обстоят дела и сегодня, ибо Писание говорит нам, также как и им: «Изгони рабыню и сына её». Мы видим, что эти два завета относятся не ко времени, а к внутреннему состоянию. Пусть никто не обольщает себя мыслью о том, что он уже не может пребывать в ветхом завете просто потому, что время ветхого завета уже прошло. Время ветхого завета уже прошло только в том смысле, что «вы в прошедшее время жизни поступали по воле языческой, предаваясь нечистотам, похотям, пьянству, излишеству в пище и питии и нелепому идолослужению» (1-е Петра 4:3, KJV).

Разница между двумя заветами

Разница между ними точно такая же, как и между свободной женщиной и рабыней. Дети Агари, независимо от их численности, все равно остались бы рабами, а дети Сарры были бы бесспорно свободными. Так и завет, заключённый на горе Синай, удерживает всех, кто с ним соглашается, в рабстве, или «под законом», в то время как завет, данный свыше, даёт свободу, и притом свободу не «от соблюдения закона», а свободу соблюдать закон. Свобода не существует без закона, а наоборот, существует только в законе. Христос совершает искупление от проклятия закона, а это проклятие есть ничто иное, как нарушение закона. Он дарует нам искупление от этого проклятия, чтобы нам получить благословение, а это благословение есть ничто иное, как послушание закону. «Блаженны непорочные в пути, ходящие в законе Господнем» (Псалтирь 118:1). Это «блаженство» и есть свобода. «Буду ходить свободно, ибо я взыскал повелений Твоих» – говорит псалмопевец (Псалтирь 118:45).

Разницу между этими двумя заветами можно кратко пояснить следующим образом: В завете «от горы Синай» мы остаёмся с законом один на один, а в завете, который «свыше», мы имеем дело с законом, который во Христе. В первом случае нас ожидает смерть, поскольку закон «острее всякого меча обоюдоострого», и мы не сможем с ним примириться без фатального исхода для нас; но во втором случае мы имеем дело с законом, который «в руке Посредника». В первом случае речь идёт о том, что можем сделать мы, а во втором случае речь идёт о том, что может сделать Дух Бога живого. Будем помнить о том, что во всём Послании к Галатам даже и в малейшей степени не оспаривается вопрос о том, что закон должен соблюдаться. Единственный вопрос звучит так: «Как он должен соблюдаться? Должен ли он соблюдаться нашими делами, так что наградой нашей будет не проявление милости и благодати, а возврат долга, или он должен соблюдаться самим Богом, производящим в нас «и хотение и действие по Своему благоволению»?»

Гора Синай и гора Сион

«Агарь означает гору Синай в Аравии и соответствует нынешнему Иерусалиму, потому что он с детьми своими в рабстве; а вышний Иерусалим свободен: он – матерь всем нам». Как существует два завета, так существует и два города, которым они соответствуют. «Нынешний Иерусалим» соответствует ветхому завету, или горе Синай. Он никогда не станет свободным. Ему на смену придёт город Божий, небесный Иерусалим, «сходящий от Бога с неба» (Откровение 3:12; 21:1-5). Именно этого города ожидал и желал Авраам, «города, имеющего основание, которого художник и строитель Бог» (Евреям 11:10, Откровение 21:14). Многие связывали свои величайшие надежды, и даже все свои надежды с «нынешним Иерусалимом». Таковые покрыты завесой, которая «остаётся неснятой при чтении Ветхого Завета» (2-е Коринфянам 3:14). Они на самом деле взирают на гору Синай и на ветхий завет в вопросе своего спасения, которое там невозможно обрести. «Вы приступили не к горе, осязаемой и пылающей огнём, не ко тьме и мраку и буре, не к трубному звуку и гласу глаголов, который слышавшие просили, чтобы к ним более не было продолжаемо слово, ибо они не могли стерпеть того, что заповедуемо было: «если и зверь прикоснётся к горе, будет побит камнями (или поражен стрелою)»; и столь ужасно было это видение, что и Моисей сказал: «я в страхе и трепете». Но вы приступили к горе Сиону и ко граду Бога живого, к небесному Иерусалиму и тьмам ангелов, к торжествующему собору и Церкви первенцев, написанных на небесах, и к Судии всех Богу, и к духам праведников, достигших совершенства, и к Ходатаю нового завета Иисусу, и к Крови кропления, говорящей лучше, нежели Авелева» (Евреям 12:18-24).

Все, кто взирает на нынешний Иерусалим в ожидании благословений, взирает на ветхий завет, на гору Синай, на рабство; те же, кто поклоняется Богу, взирая на Новый Иерусалим, и кто ожидает благословений только от него, тот взирает на Новый Завет, на гору Сион, на свободу; ибо «вышний Иерусалим свободен». От чего же он свободен? – Свободен от греха. И поскольку он «матерь нам всем», он рождает нас заново, так что мы также становимся свободными от греха. Свободными от закона? – Да, конечно, ибо закон никак не может осудить тех, кто во Христе Иисусе.

Но пусть никто не введёт вас в заблуждение обманчивыми словами, говоря вам о том, что теперь вы можете попирать закон ногами, – тот закон, который Бог Сам провозгласил таким величественным образом с горы Синай. Приходя на гору Сион, – то есть к Иисусу, Посреднику Нового Завета, и к крови кропления, – мы становимся свободными от греха, или от преступления закона. Основание же Божьего трона на горе Сион – это и есть Его закон. От этого же трона исходят «молнии, громы и голоса» (Откровение 4:5; 11:19), как и от горы Синай, потому что один и тот же закон присутствует и там, и там. Но этот престол назван «престолом благодати», и поэтому, несмотря на громы, мы приходим к нему с дерзновением, и уверены в том, что у Бога, «Судьи всех», Который сидит на этом «престоле благодати», мы обретём милость. Более того, мы обретём также и «благодать для своевременной помощи», – благодать, которая поддержит нас в час искушения грехом, ибо из среды этого престола, прямо от «закланного Агнца» (Откровение 5:6), проистекает река воды жизни, и несёт нам из сердца Христа «закон Духа жизни». Мы пьём из этого потока, мы омываемся в нём, и находим в нём очищение «от всякого греха».

Кто-то спросит: «Почему же Господь не повел народ прямо на гору Сион, где они могли найти «закон Духа жизни», а повел на гору Синай, где можно было найти одну только смерть?»

Это очень естественный вопрос, и ответить на него не сложно. Вся причина заключалась в их неверии. Когда Бог вывел Израиль из Египта, Он желал привести их на гору Сион настолько прямо и бесповоротно, насколько они могли бы идти. Когда они перешли Красное море, они пели вдохновенную песнь, которая, в частности, гласила: «Ты ведешь милостью Твоею народ сей, который Ты избавил, – сопровождаешь силою Твоею в жилище святыни Твоей. ... Введи его и насади его на горе достояния Твоего, на месте, которое Ты соделал жилищем Себе, Господи, во святилище, которое создали руки Твои, Владыка!» (Исход 15:13-17). Если бы они продолжали петь эту песнь, то очень скоро они бы были на Сионе, ибо искупленные Господом «приходят на Сион с песнями» и с вечной радостью над головами их (Исаия 35:10; 51:11). Разделение Красного моря было этому доказательством. Смотри 10-й стих. Но очень скоро они забыли Господа, и предались ропоту и неверию. Поэтому «дан был закон по причине преступлений». Они пришли к горе Синай вместо горы Сион по своей же вине, в результате своего греха неверия.

Тем не менее, Бог не оставил их без свидетельства о Своей верности и милости. На горе Синай закон был в руке того же самого Посредника, Иисуса, к Которому мы приходим, когда мы приходим на Сион, и из той же «Скалы на Хориве», то есть на Синае, вытекал тот же самый живительный поток, поток воды жизни, текущий из сердца Христова (Исход 17:6; 1-е Коринфянам 10:4). Там же они имели не только образ, но и саму реальность, или гору Сион. Каждая душа, чьё сердце обратилось бы к Господу, созерцая Его неприкрытую славу, как это делал Моисей, и, переживая трансформацию от этой славы, нашла бы там служение праведности вместо служения осуждения. «Милость Его – вовек». И даже за облаками гнева, из которых исходят громы и молнии закона, сияет славное лицо Солнца Праведности, Которое творит для нас в этих облаках радугу обетования.

«Сын пребывает вечно»

«Изгони рабу и сына её, ибо сын рабы не будет наследником вместе с сыном свободной». «Раб не пребывает в доме вечно; сын пребывает вечно» (От Иоанна 8:35, R.V.). Здесь содержится утешение для каждой души. Если вы – грешник, или, в лучшем случае, человек, который «пытается быть христианином», и если вы трепещете от этих слов, видя своё рабство, видя грех, который крепко держит вас в своей власти, если вы крепко связаны узами своих греховных привычек, то вам нужно понять абсолютную безосновательность страха перед слушанием слова Господнего. Дело в том, что Он всегда обращается к нам с миром, даже если это обращение и сопровождается голосом грома. И чем величественнее этот голос, тем больше мира он вселяет. Ободритесь! Сын рабыни

— это плоть и её дела. «Плоть и кровь не может наследовать царства Божьего, и тление не наследует нетления». Но Бог говорит: «Изгони рабыню и сына её». И если вы смиритесь с тем, что Его воля будет исполняться в вас, как она исполняется на небесах, Он позаботится о том, чтобы плоть с её делами перестала владеть вами, и вы были «освобождены от рабства тлению в свободу славы детей Божьих». Это повеление, которое вас так испугало — всего лишь голос, повелевающий злым духам убираться от вас, и больше не входить в вас. Этот голос вселяет в вашу жизнь победу над каждым грехом. Примите Христа верою, и вы получите власть быть сыном Божьим, наследником царства непоколебимого, царства, которое вместе со всеми его обитателями пребывает вовек.

«Итак, стойте твёрдо»

Где же нам нужно стоять? — «В свободе, которую даровал вам Христос». Что же это за свобода? — Это свобода Самого Христа, чьим удовольствием и радостью был закон Господа, потому что закон был в Его сердце (Псалтирь 39:9). «Закон духа жизни во Христе Иисусе освободил меня от закона греха и смерти» (Римлянам 8:2). Мы можем устоять только верою.

И в этой свободе нет ни следа рабства. Эта свобода — совершенная свобода. Это свобода души, свобода мыслей, и свобода действий. Речь не только о том, что нам даётся способность соблюдать закон, а о том, что нам даётся ум, который находит высшее удовольствие в этом. Дело совсем не в том, что мы теперь удовлетворяем закон, потому что не видим никакого другого выхода и освобождения от его наказания. Это было бы всё тем же горьким рабством. Именно от этого рабства Божий завет нас освобождает. Напротив, обетование Бога, принятое нами, вселяет в нас мысли самого Духа, так что мы находим высочайшее удовольствие в послушании всем принципам слова Божьего. Душа становится свободной как птица, парящая над вершинами гор. Это и есть «свобода славы детей Божьих», которые восприняли в полной мере «широту, долготу, глубину и высоту» Божьей вселенной. Такова свобода тех, за кем нет надобности следить, кому можно доверять везде, поскольку каждый их шаг – это проявление Божьего святого закона. Зачем же довольствоваться рабством, когда нам доступна такая безграничная свобода? Тюремные ворота открыты. Выйдем же на свободу Божью!

Глава 5

Власть Духа над плотью

ИТАК стойте в свободе, которую даровал нам Христос, и не подвергайтесь опять игу рабства.

Вот, я, Павел, говорю вам: если вы обрезываетесь, не будет вам никакой пользы от Христа. Ещё свидетельствую всякому человеку обрезывающемуся, что он должен исполнить весь закон. Вы, оправдывающие себя законом, остались без Христа, отпали от благодати, а мы духом ожидаем и надеемся праведности от веры. Ибо во Христе Иисусе не имеет силы ни обрезание, ни необрезание, но вера, действующая любовью. Вы шли хорошо: кто остановил вас, чтобы вы не покорялись истине? Такое убеждение не от Призывающего вас. Малая закваска заквашивает всё тесто. Я уверен о вас в Господе, что вы не будете мыслить иначе; а смущающий вас, кто бы он ни был, понесёт на себе осуждение. За что же гонят меня, братия, если я и теперь проповедую обрезание? Тогда соблазн креста прекратился бы. О, если бы удалены были возмущающие вас!

К свободе призваны вы, братия, только бы свобода ваша не была поводом к угождению плоти, но любовью служите друг другу. Ибо весь закон в одном слове заключается: «люби ближнего твоего, как самого себя». Если же друг друга угрызаете и съедаете, берегитесь, чтобы вы не были истреблены друг другом.

Я говорю: поступайте по духу, и вы не будете исполнять вожделений плоти, ибо плоть желает противного духу, а дух – противного плоти: они друг другу противятся, так *чтобы вы делали не то, что хотели бы*. Если же вы духом водитесь, то вы не под законом. Дела плоти известны; они суть: прелюбодеяние, блуд, нечистота, непотребство, идолослужение, волшебство, вражда, ссоры, зависть, гнев, распри, разногласия, (соблазны), ереси, ненависть, убийства, пьянство, бесчинство и тому подобное. Предваряю вас, как и прежде предварял, что поступающие так Царствия Божия не наследуют. Плод же духа: любовь, радость, мир, долготерпение, благость, милосердие, вера, кротость, воздержание. На таковых нет закона. Но те, которые Христовы, распяли плоть со страстями и похотями.

Если мы живём Духом, *то будем же и поступать* по Духу. Не будем тщеславиться, друг друга раздражать, друг другу завидовать (Послание к Галатам, 5-я глава, «Пересмотренный перевод» – R.V.).

Связь между четвертой и пятой главами Послания к Галатам теснее, чем между любыми другими двумя главами этого послания. Эта связь настолько сильна, что сложно понять, как могла кому-то прийти в голову идея о том, чтобы разделить их на две отдельные главы. Просто невозможно завершить чтение на 31-м стихе четвертой главы, потому что необходимо читать дальше, то есть, с первого стиха пятой главы, как мы и сделали. Мы, однако, ещё не почерпнули всего, что нам нужно взять из этого текста, и поэтому будем исследовать его дальше.

Свобода, которую даёт Христос

Когда Христос явился во плоти, Его миссия заключалась в том, чтобы провозглашать «пленникам освобождения», и «отпустить измученных на свободу». Чудеса, которые Он совершал, были практическими иллюстрациями этой миссии, и самое изумительное из них вполне заслуживает нашего рассмотрения прямо сейчас.

«В одной из синагог учил Он в субботу. Там была женщина, восемнадцать лет имевшая духа немощи: она была скорчена и не могла выпрямиться. Иисус, увидев её, подозвал и сказал ей: женщина! ты освобождаешься от недуга твоего. И возложил на неё руки, и она тотчас выпрямилась и стала славить Бога» (От Луки 13:10-13).

Когда лицемерный начальник синагоги стал жаловаться на то, что Иисус сделал это чудо в субботу, Иисус напомнил о том, что каждый из них в субботу вывел бы своего вола или осла из стойла, чтобы напоить, а затем сказал:

«Сию же дочь Авраамову, которую связал сатана вот уже восемнадцать лет, не надлежало ли освободить от уз сих в день субботний?»

Две особенности этого происшествия достойны пристального внимания: во-первых, женщина была связана сатаной, и во-вторых, она имела духа немощи, или отсутствие сил.

А теперь заметьте, как точно эти две особенности описывают наше состояние перед тем, как мы встречаем Христа на своём жизненном пути.

1. Мы связаны сатаной, «который уловил нас в свою волю». «Всякий, делающий грех, есть раб греха» (От Иоанна 8:34), и «кто делает грех, тот от диавола» (1-е Иоанна 3:8). «Беззаконного уловляют собственные беззакония его, и в узах греха своего он содержится» (Притчи 5:22). Грех и является теми узами, которыми сатана нас связывает.

2. Мы также имеем духа немощи, и не можем сами подняться, или освободить себя от цепей, которыми мы скованы. И именно тогда, когда мы были ещё «немощны», или «без сил», Христос умер за нас (Римлянам 5:6). Эти два слова, – «без сил», переводятся с того же слова, что и слово «немощь», которым описано состояние женщины, исцелённой Христом. Она была «без сил».

Быть «немощным» означает абсолютно не иметь никаких сил. Таково и наше состояние.

Что Иисус делает для нас?

Что же Иисус делает для нас сегодня? – Он забирает нашу слабость, и даёт нам взамен Свою силу. «Ибо мы имеем не такого первосвященника, который не может сострадать нам в немощах наших» (Евреям 4:15). «Он взял на Себя наши немощи и понёс болезни» (От Матфея 8:17). Он становится всем тем, чем являемся мы, для того, чтобы мы могли быть всем тем, чем является Он. Он «родился под законом, для того, чтобы искупить тех, кто был под законом». Он избавил нас от проклятия, став проклятием за нас, чтобы мы получили благословение. Хотя Он не знал греха, Он стал грехом за нас, *дабы мы стали праведностью от Бога в Нём* (2-е Коринфянам 5:21, KJV).

Почему Он это делает?

Зачем Иисус освободил ту женщину от её немощи? Для того, чтобы она могла ходить в свободе. Конечно, это не означает, что она могла продолжать свободно делать всё то, что она делала прежде, когда она была вынуждена так жить. Для чего же Иисус освобождает нас от греха? Для того чтобы мы могли жить свободными от греха. Ввиду слабости нашей плоти мы не способны исполнять праведность закона; поэтому Христос, пришедший во плоти, имеющий власть над всякою плотью, укрепляет нас силой Своего Духа «во внутреннем человеке», чтобы праведность закона могла быть исполнена в нас, ходящих не по плоти, но по Духу. Мы не можем сказать точно, как Он это делает; одному Ему известно, как это происходит, потому что Он один имеет эту силу и власть; но мы можем убедиться в реальности этого опыта.

Настоящая свобода

Обратите особое внимание на слова Иисуса, сказанные женщине тогда, когда она ещё была «связана» и неспособна подняться: «Ты освобождаешься от болезни твоей». «Ты освобождаешься» – это настоящее время. Точно такие же слова Он говорит и нам. Каждому пленнику Он провозгласил освобождение. Женщина «не могла никак подняться», и всё же, по слову Иисуса она сразу же встала. Она не могла этого сделать, но сделала это. Невозможное людям возможно Богу. «Господь поддерживает всех падающих и восставляет всех низверженных» (Псалтирь 144:14). Вера не создаёт факты. Она только признаёт их существование. Не существует ни единой души, обременённой тяжестью греха, угнетённой дьяволом, которую Христос не поднимает. Свобода уже принадлежит каждому; необходимо только признать это и воспользоваться ею. Пусть эта весть будет возвещена далеко и широко. Пусть каждая душа услышит, что Христос уже подарил освобождение каждому пленнику. Тысячи людей возрадуются этой вести.

Христос пришёл восстановить то, что было потеряно; Он совершает наше искупление, освобождая от проклятия; Он уже искупил нас; следовательно, свобода, которую Он нам даёт, существовала прежде, чем пришло проклятие. Человек был создан царем. И царем был создан не только первый из сотворённых людей, а всё человечество. «*В тот день*, когда Бог сотворил человека, по подобию Божию *Он* создал его, мужчину и женщину сотворил их, и благословил их, и нарёк им имя: *Адам*», то есть человек (Бытие 5:1, 2). «И сказал Бог: сотворим человека по образу Нашему по подобию Нашему, и да владычествуют они над рыбами морскими, и над птицами небесными, и над скотом, и над всею землею, и над всеми гадами, пресмыкающимися по земле. И сотворил Бог человека по образу Своему, по образу Божию сотворил его; мужчину и женщину сотворил их. И благословил их Бог, и сказал им Бог: плодитесь и размножайтесь, и наполняйте землю, и обладайте ею, и владычествуйте…», и так далее. Владычество, как мы видим, было дано каждому человеческому существу: как мужчине, так и женщине.

Это владычество было всеобъемлющим. Когда Бог создал человека, Он «всё покорил под ноги его. Когда же покорил ему всё, то не оставил ничего непокорённым ему» (Евреям 2:8). Это владычество не ограничивалось только этой планетой, ибо когда Бог увенчал человека славою и честью, Он поставил его над «делами рук Своих» (Евреям 2:7), и мы читаем: «В начале Ты, Господи, основал землю, и небеса – дело рук Твоих» (Евреям 1:10). Это показывает, насколько свободным был человек перед тем, как его постигло проклятие, ибо, само собой разумеется, что владыка должен иметь абсолютную свободу, по крайней мере на территории своего владычества. Иначе его нельзя назвать владыкой.

Это правда, что сегодня мы ещё не видим, чтобы всё было ему покорено; «*но мы видим Того, Кто стал немного ниже ангелов, Иисуса, Который за претерпение смерти увенчан славою и честью, дабы Ему, по благодати Божией, вкусить смерть за каждого человека*» (Евреям 2:8, 9, R.V.), и таким образом искупить каждого человека от проклятия потерянного владычества. «Увенчан славою и честью». Венец подразумевает царское достоинство. Человек имел венец Христов, когда он был поставлен над делами рук Божьих. Поэтому Христос (как человек, помните, в такой же плоти, что и вы), прямо перед тем как вознестись на небеса после Своего воскресения, сказал: «Дана Мне всякая власть на небе и на земле. *Поэтому* идите...» (От Матфея 28:18, 19, KJV). Из этих слов мы видим, что нам дана та же сила, что и Ему. Об этом также говорится во вдохновенной молитве о том, чтобы нам познать безмерность могущества величия Его в нас, верующих «по действию державной силы Его, которою Он воздействовал во Христе, воскресив Его из мёртвых и посадив одесную Себя на небесах, превыше всякого начальства, и власти, и силы, и господства, и всякого имени, именуемого не только в сём веке, но и в будущем, и всё покорил под ноги Его». За этой молитвой мы читаем утверждение о том, что Бог оживотворил нас *во Христе*, «и воскресил с Ним, и посадил на небесах во Христе Иисусе» (Ефесянам 1:18-22; 2:1-6).

Христос вкусил смерть за нас как человек, и посредством креста искупил нас от проклятия. И если мы распяты с Ним, мы также и воскресли с Ним, и воссели с Ним в небесах, и всё покорено под ноги наши. Если мы этого не знаем, то это только потому, что мы ещё не позволили Духу открыть это нам. Глаза сердца нашего нуждаются в просвещении Духом, дабы нам познать «надежду призвания Его, и богатство славного наследия Его для святых». Ко всем тем, кто умер и воскрес со Христом, обращено наставление: «Да не царствует грех в смертном вашем теле, чтобы вам повиноваться ему в похотях его» (Римлянам 6:12). Этот текст показывает, что мы – господа. Мы имеем власть над грехом, чтобы он не имел над нами никакого верховенства.

Мы имеем искупление кровью Христа, прощение грехов (Ефесянам 1:7); и когда Он «омыл нас от грехов наших кровью Своею», Он «соделал нас царями и священниками Богу и Отцу *Своему*» (Откровение 1:5, 6). Какое славное владычество! Какая славная свобода! Свобода от власти проклятия, даже когда мы окружены этим проклятием со всех сторон; свобода от «настоящего лукавого *мира*» – от похоти плоти, от похоти очей и от гордости житейской! Свобода, действительная в целой вселенной (власть на небе и на земле), так чтобы ни «князь, господствующий в воздухе», ни «мироправители тьмы века сего» не имели над нами никакой власти! Именно это свободу и власть имел Христос, когда сказал: «Отойди от Меня, сатана!». Дьявол сразу же Его оставил. Это власть над «всякой силой вражьей» (От Луки 10:19). Это такая свобода, что ничто на небе и на земле не может нас к чему-либо принудить, или заставить нас поступать против нашей воли. Бог не собирается этого делать, ибо мы получаем свою свободу от Него; и никто другой тоже не может этого сделать. Это власть над стихиями, чтобы они нам служили, вместо того чтобы контролировать нашу жизнь. Нам нужно научиться узнавать Христа и Его крест во всём, чтобы проклятие не имело над нами силы, и чтобы наши умы и тела не колебались от малейшего изменения в погоде. Наше здоровье быстро наладится, ибо жизнь Иисуса будет явлена в смертной плоти нашей. Такую славную свободу ни один язык и ни одно перо не может описать. Верьте в неё, когда Дух Святой открывает вам её сущность, принимайте её, стойте в этой свободе; стойте твёрдо!

«Стойте твёрдо»

«Словом Господа сотворены небеса, и духом уст Его – всё воинство их. ... Он сказал, – и сделалось; Он повелел, – и *утвердилось*» (Псалтирь 32:6, 9, KJV). То же самое слово, которое сотворило звездное воинство, повелевает нам: «Стойте твёрдо!» Это не та заповедь, которая оставляет нас такими же беспомощными, как прежде, а то слово, которое вместе с собой несёт и само исполнение этого повеления. Вспомните об исцелении хромых (От Иоанна 5:5-9; Деяния 3:2-8; 14:8-10) Эта заповедь совершает то, о чём говорит. Небеса не создавали себя сами, но были вызваны к существованию словом Господним. Так пусть же они будут вашими учителями. «Поднимите глаза ваши на высоту небес и посмотрите, кто сотворил их? Кто выводит воинство их счётом? Он всех их называет по имени: по множеству могущества и великой силе у Него *никто не обделён*» (Исаия 40:26, R.V.). «Он даёт утомлённому силу, и изнемогшему дарует крепость» (Исаия 40:29). Вы только прислушайтесь к этим словам: «Стойте твёрдо!»

Вопрос пользы

«Если вы обрезываетесь, не будет вам никакой пользы от Христа». Необходимо понимать, что здесь речь идёт о гораздо большем, чем просто обряд обрезания. Доказательством этому служит тот факт, что данное послание, в котором так много сказано по поводу обрезания, сохранилось Господом для нас, и содержит евангельскую весть для всех времён, хотя в наше время обрезание не является таким жгучим и животрепещущим вопросом. Никто сегодня не пытается склонить христиан к мнению о необходимости принятия обряда обрезания на плоти.

Главный вопрос касается обретения праведности – спасения от греха и наследия праведности. Истина в том, что всё это можно обрести только верой, – принятием Христа в сердце, позволив Ему жить Своей жизнью в нас. Авраам имел эту праведность, праведность от Бога по вере Иисуса Христа, и Бог дал ему обрезание как знак наличия существующего факта. Этот знак имел особое значение для Авраама, служил ему постоянным напоминанием о его ошибке, которую он допустил, пытаясь с помощью плоти исполнить Божье обещание. Его история служит таким же напоминанием и для нас. Она показывает, что «плоть не приносит никакой пользы», и поэтому на неё нельзя полагаться вообще. Сам факт того, что человек обрезан, не делает Христа ближе к нему ни на сколько, ибо сам Павел был обрезан, и из соображений целесообразности обрезал Тимофея (Деяния 16:4-7), однако же Павел не считал своё обрезание, как и любой другой внешний знак, имеющим какую-либо ценность (Филиппийцам 3:4-7), и даже когда было предложено обрезать Тита из соображений необходимости сделать это для его спасения, он этого не допустил (Галатам 2:3-5).

То, что должно было быть только знаком уже существующего факта, последующие поколения сделали средством достижения этого факта. Поэтому обрезание в данном послании символизирует все виды дел, которые люди делают с целью получить праведность. Внешний знак обрезания, обрезание на плоти, которое иудействующие учителя желали навязать верующим из язычников как великое средство спасения (смотри Деяния 15:1), символизирует собой все дела плоти, которые противны Духу.

Истина же заключается в том, что если человек делает хоть что-либо с расчётом спастись посредством этого дела, то есть, желая обрести спасение своими собственными делами, он не получает при этом никакой пользы от Христа. Если Христос не будет принят как полный и целостный Искупитель, Он не будет принят вовсе. Другими словами, если Христос не будет принят таким, какой Он есть, Он будет отвержен. Ведь Он не может быть каким-то другим, чем Он есть на самом деле. Христос не может разделиться; и Он не разделяет ни с одним человеческим или другим существом честь называться Спасителем. Поэтому не так трудно увидеть: если кто-то обрезывается с целью получить таким образом спасение, он тем самым показывает отсутствие веры во Христа как в Единственного Спасителя человечества, Который восполняет все нужды.

Бог дал обрезание в качестве знамения веры во Христа; иудеи исказили его значение, сделав его заменителем веры. Поэтому когда иудей хвалился своим обрезанием, он хвалился своей собственной праведностью. Это показано в 4-м стихе: «Вы, оправдывающие себя законом, остались без Христа, отпали от благодати». Этими словами критикуется не закон, а человеческая способность исполнять закон. Слава закона как раз и заключается в том, что он настолько свят, а его требования так велики, что ни один человек не способен достигнуть до стандартов его совершенства. Только во Христе праведность закона становится нашей; и истинное обрезание – это поклонение Богу в Духе, и *радость* во Христе Иисусе, и отсутствие всякой надежды на плоть (Филиппийцам 3:3).

Должники закона

«Я ещё свидетельствую всякому человеку обрезывающемуся, что он должен исполнить весь закон».

«Вот!», – кто-то воскликнет, – «Вот где сказано о том, что закона нужно сторониться; ибо Павел говорит, что обрезывающиеся должны исполнить весь закон; а он предостерегает их от обрезания».

Не будем спешить с выводами, друзья. Обратим пристальное внимание на эти слова. Прочтите их снова, и вы увидите, что здесь критикуется не сам закон, и не его исполнение. Нас предостерегают от состояния должника закона. Разве нет между этими понятиями великой разницы? Хорошо иметь еду, чтобы было что поесть, и одежду, чтобы было во что одеться, но плохо становиться должником, удовлетворяя эти потребности. Ещё печальнее становиться должником за приобретение этих вещей, но при этом остаться без них.

Должник – это тот, кто должен что-либо. Должник закона должен закону то, чего закон требует – а именно – праведность. Поэтому, всякий должник закона находится под проклятием, ибо написано: «проклят всякий, кто не исполняет постоянно всего, что написано в книге закона». Следовательно, пытаться получить праведность любыми другими средствами кроме как верой во Христа означает навлекать на себя проклятие вечного долга. Такой человек находится в вечном неоплатном долгу, ибо ему нечем заплатить; но всё же тот факт, что он является должником закона, должником всего закона, показывает, что он должен исполнить весь закон. Как же ему это сделать? «Вот дело Божие, чтобы вы веровали в Того, Кого Он послал» (От Иоанна 6:29). Пусть такой человек перестанет доверять себе, пусть он примет и исповедует Христа в своей плоти, и тогда праведность закона будет исполнена в нём, потому что он будет жить не по плоти, но по Духу.

«Надежда праведности от веры»

«А мы *Духом* ожидаем *надежды* праведности от веры» (KJV). Не будем ограничиваться однократным прочтением этого стиха, чтобы не приписывать ему того, что он не говорит. При чтении этих слов подумайте о том, что мы уже выяснили насчёт обетования Духа.

Не стоит склоняться к мнению о том, что этот текст велит нам, имея Духа, ожидать праведности. Ни в коем случае не стоит так думать. Дух уже приносит с Собой праведность. «*Дух – это жизнь по причине праведности*» (Римлянам 8:10, KJV). Когда Он придёт, «Он обличит мир в грехе и в праведности» (От Иоанна 16:8, KJV). Поэтому всякий принимающий Духа имеет познание греха, а также имеет и праведность, которую только Дух может дать, показывая и нужду в этой праведности.

Какую же праведность приносит Дух? – Праведность закона; об этом мы уже знаем, «ибо закон духовен» (Римлянам 7:14).

Как же тогда насчёт «надежды праведности», которую мы ожидаем Духом? Заметьте: мы не читаем о том, что мы Духом надеемся на праведность. Мы читаем о том, что мы «ожидаем *надежды* праведности от веры», то есть надежды на то, что приносит с собой обладание праведностью. Давайте кратко рассмотрим этот вопрос более детально. Это не займёт много времени, потому что мы уже исследовали эту тему. Всё, что нам нужно сделать – это освежить её в наших умах.

1. Дух Божий назван «Святым Духом обетования». Не «обетованным Святым Духом», а именно Духом, обладание которым убеждает нас в верности Божьего обетования.

2. Бог обещал нам как детям Авраама наследие. Святой Дух – залог этого наследства, данный нам до тех пор, пока приобретённое для нас наследие не будет искуплено и отдано нам (Ефесянам 1:13, 14).

3. Это наследие, которое обещано, представляет собой новые небеса и новую землю, «на которых обитает *праведность*» (2-е Петра 3:13, KJV).

4. Дух даёт праведность, ибо Дух – это представитель Христа, или само Средство, посредством которого Сам Христос, наша Праведность, приходит в наши сердца, чтобы обитать там (От Иоанна 14:16-18).

5. Следовательно, надежда, которую приносит Дух – это надежда, которую приносит обладание праведностью, а точнее, надежда на наследие в царстве Божьем на новой земле.

6. Праведность, которую Дух приносит нам – это праведность закона Божьего, который Духом вписывается в наши сердца, а не на каменные скрижали (Римлянам 2:29; 2-е Коринфянам 3:3).

7. Общий вывод можно сделать такой: Если мы полностью перестанем доверять себе, и признаем, что «не живёт в нас ничто доброе», а значит ничто хорошее не может из нас исходить, если мы, вместо того, чтобы считать себя могущественными и способными исполнить закон, позволим Духу Святому наполнить нас, чтобы таким образом мы исполнились праведности закона, тогда мы будем иметь живую надежду, пребывающую в нас. Надежда Духа, или надежда праведности через веру не имеет в себе никакой неопределённости; она тверда и непоколебима. Но никакой

надежды кроме этой нет больше нигде. Тот, кто не имеет «праведности, которая от Бога по вере» не имеет вообще никакой надежды. Только Христос в нас является «упованием славы».

Силы нет нигде, кроме как в вере

«Ибо во Христе Иисусе не имеет силы ни обрезание, ни необрезание, но вера, действующая любовью». Слово, переведённое здесь как «иметь силы» — это то же самое слово, которое переводится как «возмочь», или «мочь», или «быть способным» в текстах из Луки 13:24; Деяния 15:10; 6:10. В Послании к Филиппийцам (4:13) это же слово переведено как «могу». Данное утверждение сводится к следующим словам: Обрезание не способно ни на что, как и необрезание; одна только вера, действующая любовью, способна на всё. Эту веру, которая действует любовью, можно найти только во Христе Иисусе.

Но о каких же способностях и действиях здесь говорится? Ни о каких других, как только об исполнении закона. Ни один человек не может его исполнять, в каких бы он ни был условиях и состоянии. Необрезанный человек не имеет никакой силы соблюдать закон, и обрезание не может сделать его способным к этому. Один может хвалиться своим обрезанием, другой — своим необрезанием, но оба будут хвалиться тщетно. Законом веры похвальба исключается (Римлянам 3:27, KJV); ибо если только вера самого Христа может соблюдать закон праведности, то нам не остаётся никакого шанса говорить о том, что якобы сделали мы.

«Всем обязан я Христу».

Остановленные

Галатийские братья хорошо начали, ибо они начали «в Духе»; но некто остановил их на их пути. Вопрос такой: «Кто остановил вас, чтобы вы не покорялись истине?» Божий закон — истина (Псалтирь 118:142), и галатийские братья начали свой путь соблюдения этого закона; они преуспели в начале этого пути, но позже они перестали идти вперёд. Почему? — «Потому что искали не в вере, а в делах закона. Ибо преткнулись о камень преткновения» (Римлянам 9:32). Христос есть Путь и Истина и Жизнь, и в Нём нет преткновения. Он стал для нас Праведностью. Совершенство закона – в Нём, ибо Его жизнь и есть закон.

«Соблазн креста»

Крест всегда был символом позора. Быть распятым означало подвергнуться самой постыдной смерти из всех известных людям смертей. Апостол сказал, что если бы он проповедовал обрезание, то есть, праведность по делам, то соблазн креста прекратился бы. Соблазн креста заключается в том, что крест открывает человеку его бренность и греховность, его абсолютную неспособность делать добро. Взять крест Христов означает зависеть во всём только от Него, а это приводит к устранению всякой человеческой гордости. Люди любят считать себя независимыми. Они не имеют никаких возражений против любого добра, которое они могут делать сами. Кто-то может проповедовать «мораль» целой группе разбойников, или язычников, и эта проповедь будет хорошо принята, пока она говорит им об их собственных усилиях в достижении этой «морали». Вообще-то слушатели будут чувствовать скорее поддержку своему достоинству, чем наоборот, ибо такая проповедь будет подразумевать, что они уже праведны сами по себе. Но попробуйте только проповедовать крест; попробуйте только сообщить о том, что в человеке «не живёт ничто доброе», и что всё доброе должно быть принято как дар, и сразу же кто-то воспримет это как оскорбление.

Свобода служить, а не грешить

«К свободе призваны вы, братия, только бы свобода ваша не была поводом к угождению плоти, но любовью служите друг другу». Две предыдущие главы говорят о рабстве, о заключении. Прежде пришествия веры мы заключены под грехом и являемся должниками закона. Вера Христа освобождает нас, но когда мы получаем свободу, к нам обращено наставление: «Иди и впредь не греши». Мы получили свободу от греха, а не свободу грешить. Как много людей ошибаются как раз в этом вопросе! Многие искренние души считают, что во Христе мы свободны игнорировать закон, и пренебрегать им, забывая о том, что преступление закона – это грех (1-е Иоанна 3:4). Служить плоти означает совершать грех, «потому что плотские помышления суть вражда против Бога; ибо закону Божию не покоряются, да и не могут» (Римлянам 8:7). Поэтому когда апостол просит нас не использовать свою свободу как повод к угождению плоти, он просто предупреждает нас об опасности неверного использования той свободы, которую нам даёт Христос, и предостерегает от опасности снова ввергнуть себя самих в рабство нарушения закона. Вместо этого, нам следует любовью служить друг другу; ибо любовь есть исполнение закона.

Вспомните о том, что было сказано в этой главе о свободе, которую нам дарует Христос. Он даёт нам свободу первоначального владычества. Но помните, что Бог дал владычество всему человечеству, и что во Христе все становятся царями. Это показывает, что единственное человеческое существо, которым любой христианин имеет право управлять – это он сам. Величайший человек в царстве Христовом – это тот, кто управляет своим собственным духом. Мы поставлены царями над более низкими из сотворённых существ, над стихиями, и над нашей собственной плотью, но не над другими людьми. Мы призваны служить другим людям. Мы должны иметь ум, который был во Христе, когда Он был ещё в царских дворах небес, «будучи Богом», и который привёл Его к решению «принять образ раба» (Филиппийцам 2:5-7). Придя на землю, Он изменил только форму, а не самую суть. Поэтому, даже будучи помазанным Царём Сиона, Он был Слугой. Об этом ещё яснее свидетельствует тот факт, что Он омыл ноги Своих учеников, с полным осознанием того, что Он оставался их Учителем и Господом, и что Он пришёл от Бога и к Богу отходит (От Иоанна 13:3-13). Более того, когда все искуплённые святые явятся во славе, Сам Христос «препояшется и посадит их, и, подходя, станет служить им» (От Луки 12:37). Величайшая свобода заключается в служении – в служении нашим ближним во имя Иисуса. Тот, кто оказывает величайшее служение – величайшее не с человеческой точки зрения, ибо такое служение люди считают самым унизительным – тот и велик. Этому мы учимся у Христа, который, будучи Царём царствующих и Господом господствующих, являясь в то же время Рабом всем нам, совершает такое служение, которое никто другой не смог бы совершить. Божьи рабы все являются царями.

Любовь исполняет закон

Любовь является не заменой соблюдению закона, а совершенным его соблюдением. Как раз сейчас уместно будет прочесть 13-ю главу 1-го Послания апостола к Коринфянам. «Любовь не делает ближнему зла; *поэтому* любовь есть исполнение закона» (Римлянам 13:10, KJV). «Кто говорит: «я люблю Бога», а брата своего ненавидит, тот лжец: ибо не любящий брата своего, которого видит, как может любить Бога, Которого не видит?» (1-е Иоанна 4:20). Поэтому, если человек любит своего ближнего, то он должен любить Бога. «Любовь от Бога», ибо «Бог есть любовь». Поэтому любовь и есть жизнь от Бога. И если эта жизнь будет в нас, если ей будет позволено свободно действовать в нас, то и закон несомненно будет в нас, ибо жизнь Божья и есть Его закон для всего сотворенного. Эта любвеобильная жизнь была явлена в даре Христа, когда Он отдал Себя миру. «Любовь познали мы в том, что Он положил за нас *жизнь* Свою: и мы должны полагать *жизни* свои за братьев» (1-е Иоанна 3:16, KJV).

Любовь – это бескорыстие

Это понятно из того факта, что, поскольку любовь означает служение, а служение означает делать что-то для других, то очевидно, что любовь не думает о себе. Тот, кто любит, думает только о том, как он может быть благословением для других. Поэтому мы и читаем: «Любовь долготерпит, милосердствует, любовь не завидует, любовь не превозносится, не гордится, не бесчинствует, не ищет своего, не раздражается, не мыслит зла» (1-е Коринфянам 13:4, 5, R.V.).

И как раз здесь, на этом важном пункте, каждый из родившихся в мире ошибается или ошибался. Счастливы те, кто понял свою ошибку, и имеют некоторое понимание и применение истинной любви. «Любовь не ищет своего». Поэтому себялюбие – это вовсе не любовь в подлинном понимании этого слова. Это всего лишь жалкая подделка. И тем не менее, большинство из того, что в этом мире называется любовью, на самом деле не является любовью к другим, а фактически любовью к себе. Даже то, что должно служить высшей формой земной любви, любви, которая используется Богом для иллюстрации Его любви к Своему народу – любовь между мужем и женой – часто представляет собой скорее эгоизм, чем любовь. Мы уж не говорим о том, что вообще недостойно упоминания, а именно: браки, которые заключаются с целью получения положения в обществе или благосостояния, а также о том, что признаётся всеми в искренней беседе: почти каждый раз вступающие в брак думают больше о своём собственном, индивидуальном счастье, чем о счастье другого. Конечно, такое положение вещей характерно для различных пар в различной степени, и по мере существования в этих отношениях бескорыстной любви, там существует в той же степени и настоящее счастье. Урок же, который человечество усваивает очень медленно, заключается в том, что истинное счастье обретается только тогда, когда мы прекращаем к нему стремиться, пытаясь сделать счастливыми других.

«Любовь никогда не перестаёт»

Это ещё одна проверка, показывающая, насколько то, что называется любовью, на самом деле таковой не является. Любовь никогда не перестаёт. Утверждение абсолютно по своему характеру – «никогда». Исключений здесь нет, как нет никаких поправок на обстоятельства. Любовь не подвержена влиянию обстоятельств. Мы часто слышим о чьей-то любви, которая охладела, но этого никогда не может произойти с истинной любовью. Истинная любовь всегда горяча, всегда изливается на других. Ничто не может заморозить источник этой любви. Любовь абсолютно бесконечна и неизменна, просто потому, что она является жизнью самого Бога. Нет никакой другой любви, кроме любви Божьей, поэтому единственная возможность проявления истинной любви среди людей заключается в любви Божьей, которая изливается в сердце Духом Святым.

Зачем любить?

Порой после признания в любви человек, которого любят, спрашивает: «Почему ты любишь меня?», как будто бы для любви кто-то может назвать причину! Любовь сама является причиной своего существования. Если бы она могла назвать причину в другом человеке, по которой его любят, то тем самым она доказала бы, что она любовью как раз и не является. Каким бы ни был объект такой любви, причина для любви, присутствующая в нём, может когда-то прекратить своё существование, и тогда эта мнимая любовь тоже перестанет существовать. Но истинная любовь «никогда не перестаёт». Поэтому такая любовь не может зависеть от обстоятельств. Единственный ответ, который может дать такая любовь – это «просто потому»; потому что она существует. Любовь просто любит, потому что это – любовь. Любовь – это качество характера личности, которая любит, и личность эта любит просто потому, что имеет любовь, независимо от характера объекта своей любви. Эта истина видна более ясно, когда мы снова обращаем свой взор на Бога – Источник любви. Он есть любовь. Любовь – это сама Его жизнь; но невозможно дать никакое объяснение существованию Бога. Высочайшее человеческое восприятие любви – любить потому, что нас любят, или потому, что объект нашей любви достоин любви. Но Бог любит и недостойных, и даже тех, кто Его ненавидит. «Ибо и мы были некогда несмысленны, непокорны, заблудшие, были рабы похотей и различных удовольствий, жили в злобе и зависти, были гнусны, ненавидели друг друга. Когда же явилась благодать и человеколюбие Спасителя нашего, Бога, *Он спас нас по Своей милости*» (Титу 3:3-5, R.V.). «Ибо если вы будете любить любящих вас, какая вам награда? Не то же ли делают и мытари? И если вы приветствуете только братьев ваших, что особенного делаете? Не так же ли поступают и язычники? Итак будьте совершенны, как совершен Отец ваш Небесный» (От Матфея 5:46, 48).

«Не делает зла»

«Любовь не делает ближнему зла». Слово «ближний» означает любого, кто живёт рядом с тобой. Поэтому любовь простирается на всё, что она встречает на своём пути. Тот кто любит, должен обязательно любить каждого. Здесь можно возразить, указывая на то, что любовь всё-таки проводит некоторые различия, как например, любовь между мужем и женой в сравнении с любовью к другим членам семьи. Но это возражение будет безосновательным, ибо семейные отношения, если их правильно понять, предназначены для того, чтобы союз любви был лучшим образом открыт другим людям. По принципу не просто удвоения силы, а умножения её в десять раз, посредством союза, как показано в словах: «один будет прогонять тысячу, а два — десять тысяч обращать в бегство», союз мощным образом умножает действенную силу любви. Если два человека, каждый из которых имеет эту бескорыстную любовь ко всему человечеству, объединятся в любви, в таком случае их союз делает их в десять раз более способными служить другим. Если кто-то считает это слишком высоким стандартом, пусть этот человек вспомнит о том, что мы обсуждаем весьма величественное явление — высочайшее явление во вселенной. Мы говорим о любви абсолютной и неизмеримой, которая сходит с неба, а отнюдь не о той любви, которая влачит своё жалкое существование во мраке земли. Бедные, хрупкие человеческие сердца определённо нуждаются в наилучшем.

Поскольку любовь не делает зла своему ближнему, из этого следует, что христианская любовь, — а никакой другой любви на самом деле не существует, как мы уже знаем, — эта любовь не допускает войн и споров. Никакая философия не может прийти к выводу о том, что убийство человека — это доброе дело для него. Когда солдаты спросили у Иоанна Крестителя: «Что нам делать» как последователям Агнца Божьего, на которого он указывал, он ответил: «Никого не обижайте» (От Луки 3:14). Задавшие этот вопрос были «солдатами на службе», как мы видим из пометок «Пересмотренного перевода» (R.V.). В этих пометках мы также находим альтернативный перевод ответа, данного Иоанном: «Не устрашайте никого». Любая война, на которой соблюдался бы этот совет, протекала бы весьма мягко. Если бы армия состояла из христиан, из истинных последователей Христа, то, при сближении с врагом такая армия, вместо того, чтобы стрелять в них, разведывала и узнавала бы нужды противника, чтобы эти нужды восполнить. «Если враг твой голоден, накорми его; если жаждет, напой его: ибо, делая сие, ты соберёшь ему на голову горящие уголья. Не будь побеждён злом, но побеждай зло добром» (Римлянам 12:20, 21).

«Берегитесь»

«Если же друг друга угрызаете и съедаете, берегитесь, чтобы вы не были истреблены друг другом» (Галатам 5:15). Вы видите, к какому опасному состоянию пришли галатийские братья, последовав лукавому совету. Отпадая от простоты веры, они сами подвергли себя проклятию, которое ведёт в адский огонь. Ибо «язык – огонь, прикраса неправды; язык в таком положении находится между членами нашими, что оскверняет всё тело и воспаляет круг жизни, будучи сам воспаляем от геенны» (Иакова 3:6). Язык погубил больше людей, чем меч, ибо меч никогда бы не вытаскивался из своих ножен, если бы к этому не приводил неуправляемый язык. Ни один человек не может укротить его, но Богу это возможно. И Он уже делал это в опыте галатийских братьев, когда их уста были исполнены благословениями и хвалой. Но какое разительное изменение произошло с ними снова! В результате оказанного на них влияния они опустились от величественных благословений к низким спорам, и, вместо того, чтобы принимать наставления, они были готовы пожрать друг друга.

«Закваска порока и лукавства»

Стихи 8-й и 9-й, следуя за вопросом: «Кто остановил вас, чтобы вы не покорялись истине?» применимы здесь точно также, поскольку состояние, описанное словами: «угрызаете и съедаете», явно свидетельствует о непослушании истине. «Такое убеждение не от Призывающего вас». Бог есть Бог мира. О Христе, Князе мира, было сказано: «не воспрекословит» (От Матфея 12:19); поэтому «рабу Господа не должно ссориться» (2-е Тимофею 2:24). Евангелие Иисуса Христа названо «благовествованием мира» (Ефесянам 6:15). Но если вы видите споры и противостояния в церкви, будьте уверены в том, что евангелие в ней было плачевным образом искажено. Пусть никто не убеждает себя в своей ортодоксальности, в своей твёрдости в вере, если при этом он сварливо препирается с другими, или вовлекается в ссоры. Раздоры и споры – это признаки отпадения от веры, если конечно она была у такого человека; ибо, «оправдавшись верою, мы имеем мир с Богом через Господа нашего Иисуса Христа» (Римлянам 5:1). Мы не просто «в мире с Богом». Мы имеем мир «с Ним», или имеем Его мир. Поэтому новое «убеждение» галат, которое привело к спорам и к «истреблению друг друга» лукавым огнём языка, пришло не от Бога, который призвал их к познанию евангелия. Один маленьких шаг часто приводит к широкому раздору. Две железнодорожные линии могут казаться параллельными, но при этом они могут незаметно отдаляться друг от друга, пока не будут направлены в разные стороны. «Малая закваска заквашивает всё тесто». Каким бы малым и пустяковым ни казалось заблуждение, оно несёт в себе семя всех беззаконий. «Кто соблюдает весь закон и согрешит в одном чём-нибудь, тот становится виновным во всём» (Иакова 2:10). Один-единственный ложный принцип, принятый в сознание, испортит всю жизнь и характер. Малые лисицы портят весь виноградник.

Дела плоти

Каковы дела плоти? Вот список образцов этих дел: «прелюбодеяние, блуд, нечистота, непотребство, идолослужение, волшебство, вражда, ссоры, зависть, гнев, распри, разногласия, (соблазны), ереси, ненависть, убийства, пьянство, бесчинство». Не очень приятный список, не так ли? Но это ещё не всё, ибо апостол добавляет: «и тому подобное». Этот список следует хорошенько обдумать, принимая во внимание, что «поступающие так царства Божьего не наследуют». Сравните этот список со списком беззаконий, перечисленных самим Господом в Евангелии от Марка (7:21-23), то есть со списком тех грехов, которые исходят изнутри, из сердца человеческого. Такова сама жизнь плотского человека. Все эти грехи исходят из его природы. Сравните оба эти списка с перечисленными беззакониями из Послания к Римлянам (1:28-32), с поступками язычников, которые не пожелали сохранить Бога в своём разуме. Таковы дела всех тех, кто не знает Господа.

А теперь сравните эти списки с тем, что сказано апостолом Павлом во 2-м Послании к Тимофею (3:1-5), когда он перечисляет поступки тех беззаконников последнего времени, которые «имеют вид благочестия». Вы обнаружите, что все эти перечисленные грехи, в сущности, одинаковы. Когда люди отворачиваются от «истины евангельской», которая и является силой Божьей ко спасению всякому верующему, они неизбежно попадают во власть этих грехов.

«Нет различия»

Существует только одна «плоть человеческая» (1-е Коринфянам 15:39), поскольку обитатели земли все являются потомками одной супружеской пары – Адама и Евы. «Одним человеком грех вошёл в мир» (Римлянам 5:12), поэтому любой грех, который только есть в мире, присущ всякой «плоти». А значит и в плане спасения «нет различия между Иудеем и Еллином, потому что один Господь у всех, богатый для всех, призывающих Его» (Римлянам 10:12). Смотри также послание к Римлянам 3:21-24. Ни один человек на земле не может превозноситься над другими, и не имеет права презирать другого по причине его греховного падшего состояния. Напротив, видя и слыша о низких пороках какого-либо человека, вместо того чтобы чувствовать себя довольными своим собственным нравственным состоянием, мы должны исполняться стыдом и печалью, ибо эти грехи напоминают нам самим о состоянии нашей человеческой природы, которая у всех одинакова. Дела, которые делает «тот убийца», «тот пьяница», или «тот распутник», являются просто-напросто делами нашей собственной плоти. Плоть всего человечества не имеет ничего другого в своём распоряжении, кроме всех дел, описанных в данной главе.

«И тому подобное»

Прочтите снова этот список дел плоти. Некоторые из них осуждаются как очень скверные, другие, по крайней мере, как не очень благородные поступки; а другие воспринимаются обществом как некие «простительные грехи», если не абсолютные добродетели. Заметьте, однако, слова: «и тому подобное». Это значит, что все поступки, перечисленные здесь, идентичны по своему характеру. Писание сообщает нам о том, что ненависть – это убийство. «Всякий, ненавидящий брата своего есть человекоубийца» (1-е Иоанна 3:15). Более того, гнев – это тоже убийство, как показано самим Спасителем в Евангелии от Матфея (5:21, 22). Зависть, которая так сильно распространена, также содержит в себе убийство. Но кто считает соперничество грехом? Разве стремление к превосходству не поощряется повсюду? Разве детей не учат с самого детства превосходить кого-то другого? Разве не поощряется соперничество не только во всех школах, но и в домах, а также в церковных общинах? В субботней школе стремление превосходить тоже часто поощряется в тех записях, которые часто читаются вслух. Это стремление не только не считается равноценным грехом по своей пагубности, но и культивируется. Однако Слово Божье убеждает нас в том, что оно является таким же грехом, что и прелюбодеяние, блуд, убийство, пьянство, и что всякий поступающий так не наследует царства Божьего. Разве это не тревожная весть?

Любовь к себе, желание превосходства – это источник всех остальных грехов, которые перечислялись. Этот грех породил бесчисленные убийства; и всё же столько матерей неосознанно приучают своих детей к этому самому греху, желая, однако, воспитывать их порядочными, говоря: «Посмотрим, сможешь ли ты вести себя лучше чем...» «Постарайся научиться читать или играть на музыкальном инструменте лучше чем...» «Будь опрятно одетым как...». Все эти выражения, которые произносятся ежедневно в тысячах домов, приучают к соперничеству и подражанию, устанавливая ложные стандарты. Ребёнка приучают не к тому, чтобы он отличал добро от зла, и любил добро, а к тому, чтобы он выглядел лучше кого-то другого в чьих-то глазах. Это ведёт к самообману и фарисейству, ибо всё, чему нужно при этом научиться – это быть по внешним признакам лучше других, в то время как сердце остаётся испорченным. Эти «другие» могут оказаться не такими уж и хорошими в своём характере, но подражающий им доволен, потому что выглядит лучше них, хотя стремление превзойти этих людей было ложным, потому что они сами – тоже порочные грешники. Прочтите снова весь этот список, обдумав внимательно каждое слово в нём. Отвратительные дела плоти проникают как раз туда, где их меньше всего ожидает большинство людей! Они есть везде, где есть человеческая плоть, и проявляются в той или иной форме везде, где эта плоть ещё не распята. Грех «у дверей лежит».

Плоть и Дух в противоборстве друг с другом

Плоть и Дух Божий не имеют ничего общего. Они «друг другу противятся», то есть они всегда готовы к бою, как два заклятых врага, и каждый из них только и ожидает возможности победить другого. Плоть – это тление; она не может наследовать царство Божье, потому что тление не наследует нетления (1-е Коринфянам 15:50). Плоть невозможно обратить. Она должна быть уничтожена. Плотские помышления (плотский ум) «суть вражда против Бога; ибо закону Божию не покоряются, да и не могут. Посему живущие по плоти Богу угодить не могут» (Римлянам 8:7, 8). В этом и заключается секрет отступничества галат, и проблема многих людей в их христианской жизни. Галаты начали в Духе, но решили достичь совершенства посредством плоти (Галатам 3:3), что так же невозможно, как и достичь звёзд, копая землю. Так много людей желают поступать свято, но, не покорившись Духу в полной и безраздельной отдаче, они не могут делать то, что хотели бы. Дух борется в них, но имеет только частичную власть над ними. Возможно даже, что они порой полностью покоряются Ему и имеют богатый духовный опыт; но затем оскорбляют Духа, и плоть поднимает свою уродливую голову, и этих людей снова невозможно отличить от всех остальных. Временами они пропитываются помышлениями Духа, а временами – плотскими помышлениями (Римлянам 8:6), и таким образом, продолжая иметь двоящиеся мысли, они нетверды во всех путях своих (Иакова 1:8). А такое состояние является самым нежелательным для человека.

Дух и закон

«Если вы Духом водитесь, то вы не под законом». «Ибо мы знаем, что закон духовен, а я плотян, продан греху» (Римлянам 7:14). Плоть и Дух – противники. Но против плодов Духа нет закона (Галатам 5:22, 23). Поэтому закон направлен против дел плоти. Плотский ум «закону Божьему не покоряется». Поэтому те, кто «во плоти», Богу угодить не могут. Наоборот, они «под законом». Это ещё одно ясное доказательство того, что быть «под законом» означает быть нарушителем закона. «Закон духовен»; поэтому все, кто водим Духом, находятся в полной гармонии с законом. Они не под законом.

Здесь мы снова видим, что суть противостояния была не в необходимости соблюдать закон, или в отсутствии таковой; этого вопроса даже не возникало в уме какого-либо человека, исповедующего набожность. Вопрос заключался в следующем: «Как этот закон должен исполняться?» Галаты были введены в заблуждение льстивым учением о том, что они имели в себе самих силу это делать, тогда как посланный им небом апостол строго придерживался истины о том, что только Духом этот закон может исполниться. Он показывал это из Писаний, из истории Авраама, и из опыта самих галат. Они начали в Духе, и пока они продолжали идти вперёд в Духе, они шли хорошо; но когда они заменили Духа самими собой, то соответствующие дела не заставили себя долго ждать. И эти дела были противоположны закону. Дух Святой – это жизнь Божья. Бог есть любовь; любовь есть исполнение закона; закон духовен. Поэтому всякий человек, желающий быть духовным, должен покориться праведности Божьей, о которой свидетельствует закон, но которая обретается только через веру Иисуса Христа. Всякий, водимый Духом, обязательно будет соблюдать закон, причём соблюдать его не как условие получения Духа, а как неизбежный результат крещения Духом.

Мы часто встречаем людей, которые называют себя настолько духовными, настолько полно водимыми Духом, что они, по их словам, не нуждаются в соблюдении закона. Они признают тот факт, что закон они не соблюдают, но говорят при этом, что именно Дух ведёт их к этому, и, следовательно, это нельзя назвать грехом, хотя это и не согласуется с законом. Такие люди совершают роковую ошибку, заменяя ум Духа своим плотским умом. Они перепутали плоть с Духом, и таким образом поставили себя на место Бога. В этом и заключается самый скверный вид папства. Говорить против закона Божьего означает говорить против Духа. Они сильно ослеплены, и должны молиться Богу: «Открой очи мои, и увижу чудеса закона Твоего».

Плод Духа

Первый из плодов Духа – это любовь; а «любовь есть исполнение закона». Затем идут радость и мир, ибо «оправдавшись верою, мы имеем мир с Богом через Господа нашего Иисуса Христа». «И не довольно сего, но и хвалимся Богом через Господа нашего Иисуса Христа» (Римлянам 5:1, 11). Христос был помазан Духом Святым (Деяния 10:38), или, как сказано в другом тексте, был помазан «елеем радости» (Евреям 1:9). Служение Богу – это радостное служение. Царство Божье – это «праведность, мир и радость в Духе Святом» (Римлянам 14:17). Тот, кто не радуется постоянно, кто радуется от случая к случаю, кто не радуется в беде также, как и в благополучии, тот ещё даже не знает Господа как должно. Слова Христа ведут к полноте радости (От Иоанна 15:11).

Любовь, радость, мир, долготерпение, благость, милосердие, вера, кротость, воздержание должны исходить спонтанно из сердца истинного последователя Христова. Их нельзя вызвать силой. Но эти качества не являются нашими природными качествами. Для нас естественно гневаться и выходить из себя, а не быть добрыми и долготерпеливыми, встречая противление. Заметьте контраст между делами плоти и плодами Духа. Первые появляются естественно; поэтому, для того, чтобы появился добрый плод, нам необходимо стать полностью новым творением. «Добрый человек из доброго сокровища сердца своего выносит доброе» (От Луки 6:45). Благость исходит не от человека собственно, а от Духа Христова, постоянно пребывающего в нём.

Христовы посредством распятия

«Те, которые Христовы, распяли плоть со страстями и похотями» (Галатам 5:24). Именно в смерти мы объединяемся со Христом. Все, кто крестился во Христа, во Христа облеклись (Галатам 5:27), и все, кто во Христа крестился, крестились в Его смерть (Римлянам 6:3). «Ветхий наш человек распят с Ним, чтобы упразднено было тело греховное, дабы нам не быть уже рабами греху; ибо умерший освободился от греха» (Римлянам 6:6, 7). «Я сораспялся Христу, и уже не я живу, но живёт во мне Христос. А что ныне живу во плоти, то живу верою в Сына Божия, возлюбившего меня и предавшего Себя за меня» (Галатам 2:19, 20). Таков опыт каждого истинного дитяти Божьего. «Кто во Христе, тот новое творение» (2-е Коринфянам 5:17). Такой человек продолжает жить в плоти, внешне не отличаясь от других людей, и всё же он уже живёт в Духе, а не во плоти (Римлянам 8:9). Он живёт во плоти такой жизнью, которая не от плоти, и плоть не имеет над ним никакой власти, но, что касается дел плоти, он мёртв. «Тело мертво по причине греха; Дух жив по причине праведности».

Хождение в Духе

«Если мы живём *в Духе, давайте же* по духу и поступать». Существуют ли сомнения в том, что мы живём благодаря Духу? – В этом нет никаких сомнений, и даже тени сомнений. А поскольку мы живём Духом, мы обязаны подчиняться Духу. Только силой Духа – того же Духа, который в начале носился над лицом бездны и произвёл порядок из хаоса, может жить любой человек. «Дух Божий создал меня, и дыхание Вседержителя дало мне жизнь» (Иов 33:4). Этим же самым дыханием были созданы небеса (Псалтирь 32:6). Дух Божий – это жизнь всей вселенной. Дух Божий в наших ноздрях (Иов 27:3) поддерживает нашу жизнь. Этот Дух представляет собой вселенское присутствие Бога, которым «мы живём, и движемся и существуем». Мы обязаны Духу своей жизнью, зависим от Него, и поэтому нам следует «ходить в согласии с Ним», или быть водимыми Духом. В этом и заключается «разумное служение наше».

Какие изумительные возможности нам открываются! Жить во плоти так, как будто бы сама плоть стала духовной. «Есть тела плотские, и тела духовные». «Но не духовное прежде, а плотское, потом духовное» (1-е Коринфянам 15:44, 46). Плотское тело мы имеем сейчас; духовное же тело все истинные последователи Христа получат при воскресении из мёртвых (смотри 1-е Коринфянам 15:42-44, 50-53). Однако уже в этой жизни, в этом плотском теле людям следует быть духовными, то есть жить так, как они будут жить в будущем духовном теле. «Вы не по плоти живёте, а по духу, если только Дух Божий живёт в вас» (Римлянам 8:9). «*Плотский* человек не принимает того, что от Духа Божия, потому что он почитает это безумием; и не может разуметь, потому что о сём надобно судить духовно. Но духовный судит о всем» (1-е Коринфянам 2:14, 15, KJV).

«Если кто не родится заново (свыше), не может увидеть Царствия Божия». «Рождённое от плоти есть плоть, а рождённое от Духа есть дух» (От Иоанна 3:3, 6). Рождаясь в своей природе, мы наследуем всё зло, перечисленное в пятой главе Послания к Галатам, «и тому подобное». Мы плотские; нами управляет «тление». Но, рождаясь заново, мы наследуем полноту Божью, становясь «причастниками Божеского естества, удалившись от господствующего в мире растления похотью» (2-е Петра 1:4). Ветхий человек, «истлевающий в обольстительных похотях» (Ефесянам 4:22), распинается и «устраняется», «чтобы упразднено было тело греховное, дабы нам не быть уже рабами греху» (Римлянам 6:6). Когда мы пребываем в Духе, ходим в Духе, плоть с её страстями имеет над нами не больше власти, чем когда мы были бы по-настоящему мертвы и лежали бы в своих могилах. В таком случае только Дух Божий даёт жизнь нашему телу. Дух использует плоть как инструмент праведности. Плоть остаётся порочной, по-прежнему полна страстей, по-прежнему готова противиться Духу, но пока мы покоряем нашу волю Богу, Дух удерживает эту плоть в своей власти. Если же мы колеблемся, если мы в своих сердцах снова поворачиваемся к Египту, или если мы становимся самоуверенными, пренебрегая своей зависимостью от Духа, тогда мы снова строим то, что разрушили, и снова делаем себя преступниками. Но в этом нет никакой надобности. Христос имеет власть «над всякой плотью», и Он уже продемонстрировал Свою способность жить духовной жизнью в человеческой плоти.

Вот что значат слова: «Слово стало плотью», и «Бог явился во плоти». Таково откровение «превосходящей разумение любви Христовой, дабы нам исполниться всякой полнотой Божьей». Если этот Дух любви и кротости будет управлять нами, мы не будем даже желать возвышаться над другими, друг друга раздражать, друг другу завидовать. Всё будет исходить от Бога, и этот факт будет признаваться, так что никто не будет иметь ни одной причины хвалиться и превозноситься над другими.

Дух жизни во Христе – жизнь Христова – свободно даётся всем. «Желающий пусть берёт воду жизни даром». «Ибо жизнь явилась, и мы видели и свидетельствуем, и возвещаем вам сию вечную жизнь, которая была у Отца и *открылась* нам». «Благодарение Богу за неизреченный дар Его».

Глава 6

Слава креста

В конце пятой главы, а также в шестой главе, мы знакомимся с практическим применением всего послания. Торопливые читатели склонны думать, что эти главы отделены друг от друга, и что последняя часть послания переходит к практическим вопросам духовной жизни, тогда как первая часть посвящена теоретическому учению. Это большая ошибка. Никакую часть Библии нельзя назвать теорией. Всё, что там написано – чистые факты. Не существует такого текста Библии, который не имел бы как духовного, так и практического применения. Более того, всё Писание чему-то учит. Учение означает обучение. Обращение Христа к народу на горе названо учением, или доктринами, потому что Он «открыл уста Свои и учил их». Некоторые люди выражают своего рода презрение к доктринам. Они высказываются о них легкомысленно, как будто они принадлежат сфере отдалённого богословия, а не сфере практической ежедневной жизни. Таковые неосознанно бесчестят проповедь Христа, которая не имеет в себе ничего, кроме доктрин. Это значит, что Христос всегда преподавал людям доктринальное учение. Всякое истинное доктринальное учение в чрезвычайной степени практично. Оно даётся людям только для того, чтобы те могли его применять.

Поучения – это ещё не обучение

Многие принимают это заблуждение, увлекаясь неверным использованием слов. То, что они называют учением, характеризуя это как нечто непрактичное, на самом деле является не обучением, а пустым проповедованием. И, как таковое, оно, конечно же, непрактично, и не имеет никакого отношения к евангелию. Ни один проповедник евангелия никогда не занимался так называемым «проповедованием». Даже если он и делал это, то исключительно потому, что на какое-то время он увлекался чем-то иным, кроме проповеди евангелия. Христос никогда не занимался так называемым «проповедованием». Вместо этого он занимался обучением народа, преподавая им учение. Он был «Учителем, посланным от Бога». Поэтому евангелие представляет собой учение, которое обучает людей жизни Христовой.

Цель данного послания ясно видна в его завершающей части. Оно было рассчитано не на то, чтобы разжигать противостояние, а на то, чтобы уменьшать его, потому что оно призывало своих читателей к покорности Духу, чьи плоды, – любовь, радость, мир, долготерпение, благость, милосердие. Его цель – вернуть тех, кто грешит против Бога, «пытаясь служить» Ему своим «собственным способом», ни на что не годным, и привести их к подлинному служению «в обновлении Духа». Все так называемые аргументы предыдущих глав послания просто показывают тот факт, что «дел плоти», которые сами по себе являются грехом, можно избежать только посредством обрезания крестом Христовым, или служением Богу Духом, нисколько не полагаясь на плоть.

Братия! если и впадёт человек в какое согрешение, вы, духовные, исправляйте такового в духе кротости, наблюдая каждый за собою, чтобы не быть искушённым. Носите бремена друг друга, и таким образом *исполняйте* закон Христов. Ибо кто почитает себя чем-нибудь, будучи ничто, тот обольщает сам себя. Каждый да испытывает своё дело, и тогда будет иметь похвалу только в себе, а не в другом, ибо каждый понесёт своё бремя.

Наставляемый словом, делись всяким добром с наставляющим. Не обманывайтесь: Бог поругаем не бывает. Что посеет человек, то и пожнёт: сеющий в плоть свою от плоти пожнёт тление, а сеющий в дух от духа пожнёт жизнь вечную. Делая добро, да не унываем, ибо в своё время пожнём, если не ослабеем. Итак, доколе есть время, будем делать добро всем, а наипаче своим по вере.

Видите, *какие большие письма я* написал вам своею рукою. Желающие хвалиться по плоти принуждают вас обрезываться только для того, чтобы не быть гонимыми за крест Христов, ибо и сами обрезывающиеся не соблюдают закона, но хотят, чтобы вы обрезывались, дабы похвалиться в вашей плоти. А я не желаю хвалиться, разве только крестом Господа нашего Иисуса Христа, которым для меня мир распят, и я для мира. Ибо во Христе Иисусе ничего не значит ни обрезание, ни необрезание, а новая тварь. Тем, которые поступают по сему правилу, мир им и милость, и Израилю Божию.

Впрочем никто не отягощай меня, ибо я ношу язвы Господа Иисуса на теле моём.

Благодать Господа нашего Иисуса Христа со духом вашим, братия. Аминь (Послание к Галатам, 6-я глава, «Пересмотренный перевод» – R.V.).

Радикальное изменение

Когда люди начинают сами делать себя праведными, результаты этого решения в виде гордости, высокомерия, тщеславия, похвальбы, критики, поиска недостатков, злословия, ведущего к открытым ссорам, – такие результаты не заставляют себя долго ждать. Так было с галатами, и так будет всегда и везде. По-другому и быть не может. Каждый человек имеет своё собственное понимание закона, и принимая решение оправдываться законом, он низводит закон до уровня своего собственного ума, чтобы стать судьей. При этом он, конечно, не может не смотреть на братьев, и на себя самого, так, чтобы не сравнивать людей со своим собственным мерилом. И если его критически настроенный взор обнаруживает человека, который не соответствует данным стандартам, он сразу же начинает «принимать меры» по отношению к этому человеку. Если же последний не покорится данным правилам, – не Божьим правилам, а правилам этого «судьи», – то он должен быть исключён из церкви, чтобы одежды «нашей праведности» не были осквернены от контакта с ним. Самоправедные считают себя «стражами брату своему» в том смысле, что они «сторожат», или держат этого «брата своего» подальше от своего общества, чтобы не оскверниться. И в разительном контрасте с этим духом, который так сильно распространён в церкви, находится наставление, с которого начинается эта глава. Вместо того, чтобы выискивать недостатки с целью осудить их, нам нужно искать грешников с целью спасти их.

«Грех лежит у дверей»

Каину Бог сказал: «Если не делаешь доброго, то у дверей грех лежит; он влечёт тебя к себе, но ты господствуй над ним» (Бытие 4:7, R.V.). Грех – это ядовитое животное, коварно приближающееся, ожидая любой возможности наброситься и погубить беспечных. Он желает к нам прилепиться, но нам дана сила и власть над ним. «Да не царствует грех в смертном теле вашем». Но, тем не менее, даже самые ревностные из нас могут быть побеждены грехом (хотя этого может и не случиться). «Сие пишу вам, чтобы вы не согрешали; а если бы кто согрешил, то мы имеем *Утешителя* пред Отцом, Иисуса Христа, праведника; Он есть умилостивление за грехи наши, и не только за наши, но и за грехи всего мира» (1-е Иоанна 2:1, 2, R.V.). Итак, несмотря на то что любой человек в любое время может быть побеждён, его можно и нужно возвращать назад, а не отталкивать ещё дальше.

Евангелие подразумевает восстановление

«Ибо Сын Человеческий пришёл взыскать и спасти погибшее. Как вам кажется? Если бы у кого было сто овец, и одна из них заблудилась, то не оставит ли он девяносто девять в горах и не пойдёт ли искать заблудившуюся? И если случится найти её, то, истинно говорю вам, он радуется о ней более, нежели о девяноста девяти незаблудившихся. Так, нет воли Отца вашего Небесного, чтобы погиб один из малых сих» (От Матфея 18:11-14). Христос отправился на небеса «до времени восстановления всего».

Кроме Единого

Господь иллюстрирует Свою работу образом пастуха, который ищет одну потерявшуюся овцу. Работа евангелия – это индивидуальный труд. И даже если в результате проповеди евангелия тысячи примут его в один день, в результате всего лишь одной проповеди, это произойдёт из-за влияния этой проповеди на каждое отдельное человеческое сердце. Когда проповедник, проповедуя тысячам людей, обращается к каждому из них отдельно, то тем самым он совершает труд Христов. Поэтому, «если и впадёт человек в какое согрешение, исправляйте такового в духе кротости». Никогда время не тратится с такой большой пользой, чем когда оно посвящается спасению одного-единственного человека. Некоторые из самых важных и славных истин, изречённых Христом и вошедших в Библию, были сказаны только одному слушателю. Тот, кто заботится и ухаживает за отдельными агнцами в стаде Божьем, является пастырем добрым.

Служение примирения

«Бог *был* во Христе примирив с Собою мир, не вменяя людям преступлений их, и дал нам слово примирения» (2-е Коринфянам 5:19, KJV). «Он грехи наши Сам вознёс *в теле* Своём на древо» (1-е Петра 2:24, KJV). Он не вменяет нам наши беззакония. Он взял их все на Себя. «Кроткий ответ отвращает гнев». Христос приходит к нам с добрыми словами, а не с грубыми упреками, чтобы завоевать наше сердце. Он призывает нас прийти к Нему и найти покой, заменить наше гнетущее бремя рабства, заменить это тяжкое иго, на Его «легкое бремя», и «благое иго».

Вместо Христа

Все христиане едины во Христе. Ведь существует только одно «Семя». Все остальные собраны во Христе, в этом Человеке, который является Представителем всех. Поэтому «как Он, так и мы в этом мире» (1-е Иоанна 4:17,

KJV). Христос в этом мире был примером того, какими следует быть людям, и какими будут Его истинные последователи при полном посвящении Ему. Своим ученикам Он говорит: «Как послал Меня Отец, так и Я посылают вас», и с этой целью Он облекает их Своей собственной силой посредством Духа. «Ибо не послал Бог Сына Своего в мир, чтобы судить мир, но чтобы мир спасён был через Него» (От Иоанна 3:17). Итак, мы посланы не осуждать, а спасать. Поэтому мы и читаем: «Если и впадёт человек в какое согрешение ... исправляйте такового». Это наставление не ограничивается теми, кто общается с нами в церкви. Мы посланы в качестве посланников Христовых, чтобы умолять людей от имени Христова примириться с Богом (2-е Коринфянам 5:20). Вся вселенная не может предоставить нам более величественной миссии. Ни одна из высших должностей в небесах и на земле не сравнится с ролью посланника Христова, порученной самой скромной и самой презираемой душе, которая примирилась с Богом.

«Вы духовные»

Только такие братья призваны исправлять заблуждающегося; никто другой на это не способен. Один только Дух Святой должен говорить через тех, кому предстоит обличать и предостерегать. Сам Христос должен совершить эту работу, и только силой Духа человек может быть Его свидетелем. Но не будет ли это слишком большой самонадеянностью для того, кто пойдёт обличать брата своего? Не будет ли это решение высокомерным заявлением о том, что сам обличитель «духовен»? Да, это действительно очень серьёзно и ответственно – говорить от имени Христа с каким-либо падшим человеком; поэтому Бог велит каждому внимательно смотреть за собой, «чтобы не быть искушённым». Очевидно, что принцип, приведённый здесь, рассчитан на то, чтобы совершить возрождение в церкви. Как только кто-то повержен жертвой искушения, долг всех остальных заключается не в том, чтобы сразу же об этом кому-то рассказать, и даже не в том, чтобы идти прямо к этому человеку, а в том, чтобы спросить себя: «В каком положении нахожусь я сам? Не виновен ли я, если не в том же самом, то в каком-то равнозначном грехе? Могло ли случиться так, что некоторые мои недостатки привели к падению этого человека? Хожу ли я в Духе, чтобы иметь способность исправить этого человека, а не оттолкнуть его ещё дальше?» Эти вопросы помогут совершиться полной реформации в церкви, и вполне возможно, что пока «обличители» согрешившего придут в надлежащее состояние для того, чтоб идти к нему с обличениями, он уже будет исправлен и извлечён из сатанинских сетей.

Связано на небесах

Давая наставления о том, как обращаться с теми, кто согрешил (От Матфея 18:10-18), Спаситель сказал: «Что вы свяжете на земле, то будет связано на небе; и что разрешите на земле, то будет разрешено на небе». Означает ли это, что Бог обязался исполнить любое решение, которое примет любая группа людей, называющих себя Его церковью? – Конечно, нет. Ничто из того, что делается на земле, не может изменить Божью волю. История церкви, которая насчитывает вот уже более восемнадцати столетий, представляет собой историю ошибок, заблуждений, высокомерия и возвышения самого себя до уровня Бога. Кто может прочесть историю церковных соборов, и сказать, что Бог как Глава присутствовал хоть на одном из них, или что Он был источником и движущей силой этих постановлений?

Что же тогда Христос имел в виду? – А Он имел в виду то, что сказал. Его наставление показывает, что Он желал видеть церковь духовной, а значит наполненной духом кротости, и что каждому из её членов следует «говорить как слова Божьи». Одно только слово Христово должно быть в сердце и на устах у всех, кому приходится иметь дело с согрешившими. И только в этом случае, поскольку слово Божье навеки утверждено на небесах, всё, что будет связано на земле, должно быть обязательно связано на небесах. Но этого не будет происходить до тех пор, пока мы не будем следовать Писаниям, как по букве, так и по духу.

«Закон Христов»

Этот закон исполняется, когда мы носим бремена друг друга, потому что закон жизни Христовой заключается именно в этом. «Все мы блуждали, как овцы, совратились каждый на свою дорогу: и Господь возложил на Него грехи всех нас» (Исаия 53:6). «Он понёс наши горести и печали». Всякий желающий исполнять Его закон должен иметь в себе жизнь Христову, делая то же самое, что и Христос делал для заблудших и падших.

«Он должен был во всём уподобиться братьям, чтобы быть милостивым и верным Первосвященником пред Богом, для умилостивления за грехи народа. Ибо, как Сам Он претерпел, быв искушён, то может и искушаемым помочь» (Евреям 2:17,18). Он знает, что значит переносить суровое искушение, и Он знает, как побеждать. Да, хотя Он и «не знал греха», Он стал грехом за нас, дабы мы стали праведностью от Бога в Нём (2-е Коринфянам 5:21). Он взял на Себя каждый из наших грехов, и исповедовал их перед Богом как Свои собственные. Поэтому Он и приходит к нам. Вместо того, чтобы упрекать нас за наши грехи, Он открывает нам Своё сердце, и рассказывает нам о том, как Он страдал от таких же слабостей, какие есть у нас. Он знает все наши трудности, всю боль, всю печаль, весь позор. Таким образом, Он привлекает нас к Себе, и завоёвывает наше доверие. Зная, что Он прошёл через такой же опыт, который проходим мы, что Он опустился на самые его глубины, мы готовы слушать Его, когда Он говорит о пути спасения. Мы знаем, что Он говорит, опираясь на Свой собственный опыт.

Поэтому самой главной частью нашей работы по спасению грешников является задача показать себя едиными с ними. Другими словами, исповедуя свои собственные пороки, мы спасаем других. Человек, который считает, что не имеет греха, ещё не готов к работе по исправлению грешников. Тот, кто приходит к порабощенному каким-то грехом человеку и говорит: «Да как же тебя могло угораздить так согрешить? Я никогда не делал такого, как ты, всю свою жизнь, и не думаю, что какой-либо уважающий себя человек мог бы сделать такой грех!» – такому «обличителю» лучше оставаться дома. Бог избрал одного фарисея, и только одного из них, быть апостолом, но и тот не был послан на свою миссию до тех пор, пока он не осознал себя «первым грешником» (1-е Тимофею 1:15). Исповедовать грех означает смирить себя, это правда. Но путь спасения – это путь креста. Только через крест Христос смог стать Спасителем грешников. Поэтому если мы желаем разделить Его радость, то мы должны вместе с Ним пережить и крест, «пренебрёгши посрамление». Помните об этом: только исповедуя свои собственные грехи, мы можем спасать других людей от их грехов. Только так мы можем показать им путь спасения; ибо тот, кто исповедует свои грехи, обретает очищение от них, и таким образом может вести и других к самому Источнику очищения.

Человек – ничто

«Кто почитает себя чем-нибудь, будучи ничто, тот обольщает сам себя». Заметьте эти слова: «будучи ничто». Здесь не сказано о том, что мы не должны считать себя «кем-то» до тех пор, пока мы не стали этим «кем-то». Нет. Это просто констатация факта: мы – ничто. Не только отдельные люди, но и целые народы – ничто перед Господом. Если мы когда-либо станем считать себя «чем-то», мы тем самым обманем себя самих. И мы часто обманываем себя самих, и таким образом порочим служение Господне. Помните закон Христов. Хотя Он был всем, Он «опустошил Себя». Он уничижил Себя, чтобы дело Божье было сделано. «Раб не больше господина своего». Велик только Бог; «совершенная суета всякий человек живущий». Только Бог истинен, а всякий человек лжив. Когда мы признаём это, и живём в этой реальности, тогда мы ставим себя в такое положение, в котором Дух Божий может нас наполнить, и тогда Бог сможет действовать через нас. «Человек греха» – это тот, кто возвышает себя (2-е Фессалоникийцам 2:3, 4). Дитя Божье – это тот, кто смиряет себя.

Нести своё бремя

«Ибо каждый понесёт своё бремя». Не противоречат ли эти слова 2-му тексту? – Ни в коем случае. Когда Писание велит нам носить бремена друг друга, оно не советует нам возлагать свои бремена друг на друга. Каждому следует возложить своё бремя на Господа (Псалтирь 54:23). Господь несёт бремя всего мира, всего человечества, и не просто всех людей, но и каждого в отдельности. Мы возлагаем наши бремена на Него не так, как будто мы собираем их своими руками, или своим умом, чтобы перебросить их от себя на кого-то, кто находится на расстоянии от нас. Этого мы не сможем сделать никогда. Многие пытались освободиться таким образом от своего бремени греха, боли, забот и печалей, но потерпели неудачу, ведь это бремя снова скатывалось на них и становилось ещё тяжелей, приводя их к почти полному отчаянию. В чём же проблема? Проблема в следующем: они просто думали, что Христос находится от них на каком-то расстоянии, и поэтому они считали, что должны сами преодолеть эту дистанцию. Но это невозможно. Человек, не имеющий сил, не может отбросить своё бремя даже на расстояние вытянутой руки, и пока мы держим Господа на расстоянии от себя, хотя бы на расстоянии вытянутой руки, мы не будем иметь покоя от нашей тяжелой ноши. Когда же мы осознаем и исповедуем Его в нас самих, признаем Его нашей всецелой поддержкой, нашей жизнью, признаем Его силу, которая стоит за каждым нашим движением, и исповедуем, что мы – ничто, и исчезнем из виду, прекращая обманывать себя самих, тогда мы просто и спокойно оставим своё бремя на Христе. Он знает, что с ним делать. И таким образом, когда мы несём с Ним одно и то же бремя, мы учимся от Него носить бремена других.

Но как же насчёт того, что каждый понесёт своё бремя? Всё очень просто. Именно божественная «сила, действующая в нас», несёт его. «Я распят со Христом; и уже не я живу, но Христос живёт во мне». Это по-прежнему я, но уже не я, а Христос. Теперь я знаю секрет. Я не буду утомлять других людей рассказами о своём бремени, потому что понесу его сам, хотя нести буду не я, а Христос во мне. Многие люди в мире ещё не усвоили этот урок, поэтому каждое дитя Божье всегда найдёт для себя возможность нести бремя других; своё собственное он доверит Господу, ибо для того, чтобы сделать это, ему нужно идти не далее своего собственного сердца. Разве это не счастье, – знать, что некто Могущественный всегда несёт бремя, которое ложится на наши плечи?

Этот же урок мы извлекаем из жизни Христа. Он ходил повсюду, делая добро, ибо Бог был с Ним. Он утешал скорбящих, поддерживал сокрушённых сердцем, исцелял всех одержимых сатаной. Ни один человек, обращавшийся к Нему со своей печальной историей или гнетущим недугом, не уходил от Него без облегчения, «дабы сбылось реченное через пророка Исаию, который говорит: Он взял на Себя наши немощи и понёс болезни» (От Матфея 8:17). Затем, когда ночь рассеивала множество народа по своим местам ночлега, Он искал место в горах или в лесу, чтобы в общении с Отцом, Которым Он жил («Я живу Отцом»), Ему можно было обрести свежий приток жизни и сил для Своей души. «Каждый да испытывает своё дело». «Испытывайте самих себя, в вере ли вы; самих себя исследуйте. Или вы не знаете самих себя, что Иисус Христос в вас? Разве только вы не то, чем должны быть» (2-е Коринфянам 13:5, KJV). «Ибо, хотя Он и распят в немощи, но жив силою Божьею; и мы также, хотя немощны в Нём, но будем живы с Ним силою Божьею» (стих 4-й, KJV). Итак, если наша вера доказывает нам, что Христос в нас, – а вера доказывает реальность этого факта, – то мы имеем повод для радости в себе самих, а не в других людях. Радость в Боге через нашего Господа Иисуса Христа, и наша радость не зависят ни от одного человека в этом мире. Даже если все люди в мире падут и разочаруются, мы можем устоять, ибо основание Божье – Христос – стоит твёрдо.

Поэтому пусть никто из называющих себя христианами не будет довольствоваться своими надеждами на кого-то другого. Пусть он сам, хоть и будет слабейшим из слабых, станет носить бремена, и как сотрудник Христов будет тихо и безмятежно нести как свои собственные бремена, так и бремена своих ближних. Он сможет увидеть некоторые бремена своего безропотного брата, и понести их, поощряя тем самым других поступать также. Именно так слабые и возрадуются, и скажут: «Господь Бог – сила моя и песнь; Он сделался моим спасением».

Делиться добром

«Наставляемый словом, делись всяким добром с наставляющим». Нет никаких сомнений в том, что здесь речь идёт главным образом о материальной поддержке. «Трудящийся достоин награды своей». Если кто-то посвящает себя полностью служению Слова, то очевидно, что средства для его существования должны прийти к нему от тех, кого он наставляет. Но на этом значение этих слов не исчерпывается. Тот, кто принимает эти наставления из Слова, должны «делиться всяким добром» с наставником. В данной главе говорится о взаимной помощи. «Носите бремена друг друга». Даже наставник, которого поддерживают наставляемые, призван помогать другим в материальном отношении. Христос и Его апостолы, не имеющие ничего своего (ибо Христос был нищим из нищих, а Его ученики, последовав за Ним, оставили всё) даже они делились с бедняками тем малым, что у них появлялось. Смотрите Евангелие от Иоанна (13:29).

Когда ученики попросили Иисуса распустить множество голодных людей, чтобы они могли купить себе самую необходимую пищу, Он сказал: «не нужно им идти, вы дайте им есть» (От Матфея 14:16). Он не шутил с ними, а говорил серьёзно. Он знал, что они не имели ничего, чтобы дать народу, но в то же самое время они имели точно то же, что имел и Он. Они не поняли той силы, которая стоит за Его словами, и Он Сам взял несколько хлебов, чтобы раздать их ученикам, а они таким образом накормили всех голодных людей. Но Его слова, сказанные им, означали, что они должны поступать так же, как поступил Он. Сколько раз наш недостаток веры в слово Христа мешал нам делать добро и приносить жертву благоприятную (Евреям 13:16), благоугодную Богу?

И также как наставники призваны делиться не только богатствами Слова, но и материальной поддержкой, так и наставляемые этим Словом не должны ограничивать свой вклад в дело Божье одной только материальной поддержкой. Ошибочно было бы думать, что служители евангелия никогда не нуждаются в духовной помощи, и что они не должны получать её от самых скромных овец в стаде Божьем. Невозможно преувеличить величину того душевного ободрения, которое получают наставники, видя и слыша свидетельства веры и радость в Господе, исходящие от слушающих Слово. И дело не только в том, что учитель видит плоды своего труда, который не пропал даром. Эти свидетельства могут и не иметь ничего общего с тем, что он сделал; но радостное свидетельство смиренной души о том, что для неё сделал Сам Бог, часто будет средством укрепления сотен людей через служение учителя Слова, получившего такое ободрение.

Сеяние и жатва

«Что посеет человек, то и пожнёт». Это простой закон, который не требует многословных доказательств. Жатва, которая есть кончина века, откроет то, что было посеяно: пшеница или плевелы. «Сеющий в плоть свою от плоти пожнёт тление, а сеющий в дух от духа пожнёт жизнь вечную». «Сейте себе в правду, и пожнёте милость; распахивайте у себя новину, ибо время взыскать Господа, чтобы Он, когда придёт, дождём пролил на вас *праведность*» (Осия 10:12, KJV). «Надеющийся на своё собственное сердце – глупец». Так же глуп человек, надеющийся на другого человека. Об этом же мы читаем в следующем тексте: «Вы возделывали нечестие, пожинаете беззаконие, едите плод лжи, потому что ты надеялся на путь твой, на множество ратников твоих». «Проклят человек, который надеется на человека и плоть делает своею опорою», будь то его собственная плоть, или плоть какого-то другого человека. «Благословен человек, который надеется на Господа, и которого упование – Господь» (Иеремия 17:5, 7).

Всё, что пребывает вовек, приходит от Духа. Плоть тленна, и ведёт к растлению. Тот, кого интересует только его собственное удовольствие, кто исполняет желания своей плоти и своего плотского ума – пожнёт жатву тления и смерти. Но «Дух жив *по причине праведности*», и тот, кто советуется только с умом Духа, пожнёт вечную славу; ибо «если же Дух Того, Кто воскресил из мёртвых Иисуса, живёт в вас, то Воскресивший Христа из мёртвых оживит и ваши смертные тела Духом Своим, живущим в вас». «Ибо если живёте по плоти, то умрёте, а если духом умерщвляете дела плотские, *то будете жить*» (Римлянам 8:11, 13, KJV). Изумительно! Если мы живём, то мы умрём, а если мы умрём, то мы оживём! Таково свидетельство Иисуса: «Ибо кто хочет душу свою сберечь, тот потеряет её, а кто потеряет душу свою ради Меня, тот обретёт её» (От Матфея 16:25).

Это не значит потерю всякой радости в этой жизни. Это не означает, что мы должны проходить через постоянные лишения и ограничения, и провести всю жизнь без того, чего нам очень хочется, ради того, чтобы получить нечто лучшее в призрачном будущем. Это не означает, что жизнь в настоящее время должна быть хуже смерти, должна быть одной сплошной смертельной агонией. Нет, нет. Последняя идея представляет собой ложное представление о христианстве, которое смотрит на христианскую жизнь как на сущую смерть. Напротив, приходящий ко Христу, принимающий Духа, имеет в себе «источник воды, текущей в жизнь вечную» (От Иоанна 4:14). Такому человеку дана вечная радость уже сегодня. И эта радость всё полнее день ото дня. Он обильно насыщается от щедрот дома Божьего, вкушая от полноводной реки Божьего благоволения. Он имеет всё, чего он желает, потому что его сердце и его плоть взывают только к Богу, в Котором можно найти всю полноту. Когда-то он думал, что он «понимает жизнь», но сейчас он знает, что тогда он был омрачён тьмой, и видел только бездну растления. Сейчас же он только начинает жить по-настоящему, и радость этой новой жизни «неизреченна, и преславна». Поэтому он поёт:

«Никто кроме Христа не может насытить,
Нет для меня никакого другого имени;
В Нём и любовь, и жизнь, и вечная радость,
Господь Иисус, всё это я нашёл в Тебе».

Опытный генерал всегда ищет возможности занять наиболее выгодное положение для битвы; так и сатана пытается исказить самые щедрые обетования для верующих, чтобы сделать их источниками разочарования. Соответственно, он заставил многих верующих думать, что слова: «Сеющий в плоть от плоти пожнёт тление» означают, что они должны всю свою жизнь, даже после рождения от Духа, пожинать последствия своей прежней греховной жизни. Некоторые предполагают, что даже в вечности они должны будут нести шрамы и следы своих прошлых грехов, говоря: «Мне нельзя даже надеяться на то, что я стану тем, кем я стал бы, если бы никогда не грешил!»

Какая клевета на Божью милость и на искупление, которое во Христе Иисусе! Это не та свобода, которую нам даёт Христос. Апостол говорит нам: «Как предавали вы члены ваши в рабы нечистоте и беззаконию на дела беззаконные, так ныне представьте члены ваши в рабы праведности на дела святые». Но если тот, кто предоставил себя таким образом в рабы праведности должен всегда оставаться слабым перед своими прошлыми греховными привычками, это будет только доказывать, что сила праведности меньше силы греха. Но это не правда. Благодать сильнее греха; она также могущественна, как и сами небеса.

Представим себе человека, который за тяжкие преступления был осуждён на пожизненное заключение. После нескольких лет отбывания он получает помилование, и освобождается. Некоторое время спустя мы встречаем его, и видим большую и тяжёлую гирю, прикованную к его ноге мощной цепью, так что передвигаться он может очень медленно и с большим трудом. «Что это такое?» – мы удивлённо спрашиваем – «Разве тебя не освободили?» «Ах, да», отвечает бывший преступник. «Я свободен, но я должен носить за собой эту гирю с цепью в напоминание о своих прошлых преступлениях». Вряд ли кто-то будет считать такую свободу очень желанной для себя.

Каждая молитва, вдохновенная Духом Святым – это обещание Божье. Одна из самых замечательных молитв звучит так: «Грехов юности моей и преступлений моих не вспоминай; по милости Твоей вспомни меня Ты, ради благости Твоей, Господи!» (Псалтирь 24:7). Когда Бог прощает нам наши грехи, Он забывает их, и даёт нам такую силу избегать их повторения, что мы окажемся в таком положении, как будто мы никогда не грешили. Посредством «великих и драгоценных обетований» мы становимся «причастниками *божественной природы*, удалившись от господствующего в мире растления похотью» (2-е Петра 1:4, KJV). Человек согрешил, причастившись от дерева познания добра и зла; евангелие же открывает такое искупление от этого грехопадения, что все мрачные и гнетущие воспоминания о грехе удаляются, и искупленные думают только о хорошем, подобно Христу, который «не знал греха».

Да, сеющие в плоть от плоти пожинают тление, в чём мы все уже убедились сами. «Но вы не по плоти живёте, а по Духу, если только Дух Божий живёт в вас». Дух имеет силу освободить нас от грехов плоти, и от всех их последствий. Христос «возлюбил Церковь и предал Себя за неё, чтобы освятить её, очистив банею водною посредством слова; чтобы представить её Себе славною Церковью, не имеющею пятна, или порока, или чего-либо подобного, но дабы она была свята и непорочна» (Ефесянам 5:25-27). «Ранами Его мы исцелились». Память о самом грехе, – но не о личных грехах, – будет увековечена только в шрамах на руках, на ногах Христа и в Его боку, и будут вечной печатью нашего совершенного искупления.

Не унывайте

Насколько же естественно читать следующее наставление: «Делая добро, да не унываем, ибо в своё время пожнём, если не ослабеем». Мы легко и быстро утомляемся, делая добро, если при этом мы не взираем на Иисуса. Мы предпочитаем небольшие периоды, посвящённые этим «добрым» делам, ибо постоянная добродетель кажется нам слишком сильным напряжением сил и ума. Но это верно только тогда, когда мы не познали радость в Господе, которая и придаёт силы, сохраняя нас от усталости. «Надеющиеся на Господа обновятся в силе: поднимут крылья, как орлы, потекут – и не устанут, пойдут – и не утомятся» (Исаия 40:31).

Особым образом здесь говорится, судя по контексту, не просто о сопротивлении искушениям нашей плоти, а о помощи другим. И здесь мы нуждаемся в том, чтобы извлечь урок у Христа, Который «не ослабеет и не изнеможет, доколе на земле не утвердит суда». И хотя девять из десяти прокажённых, получивших от Него исцеление, не показали ни малейшего признака благодарности Ему, на Него Самого это никак не повлияло. Он пришёл делать добро, а не принимать благодарность. Поэтому «Утром сей семя твоё, и вечером не давай отдыха руке твоей, потому что ты не знаешь, то или другое будет удачнее, или то и другое равно хорошо будет» (Екклесиаст 11:6). Мы не можем сказать, сколько мы пожнём, или от какого именно семени вырастет урожай. Некоторые семена упадут при дороге, и будут развеяны прежде, чем пустят корни, остальные могут упасть на каменистую почву, где они высохнут, а другие могут упасть в терние, которое их заглушит; верно только одно: мы обязательно пожнём жатву. Мы не знаем, какой посев будет успешный: утренний или вечерний, или оба они будут одинаково успешными, но не может быть такого, чтобы все усилия оказались напрасными. То или другое приведёт к результатам, или же оба посева будут успешными. Разве этого ободрения недостаточно для нас, чтобы мы «делая добро, не унывали»? Почва может казаться бесплодной, и время может казаться неподходящим, и перспективы для зерна могут быть самыми скудными, и мы можем быть подвержены искушению думать, что весь наш труд напрасен. Но это не так. «В своё время пожнём, если не ослабеем». «Итак, братия мои возлюбленные, будьте твёрды, непоколебимы, всегда преуспевайте в деле Господнем, зная, что труд ваш не тщетен пред Господом» (1-е Коринфянам 15:58).

Не делайте различий

«Итак, доколе есть *возможность*, будем делать добро всем, а наипаче своим по вере» (Галатам 6:10, KJV). Здесь мы видим совет апостола о материальной, осязаемой помощи, ибо нет надобности напоминать о проповеди Слова тем, кто не является «своим по вере». Ведь эти люди особо нуждаются в проповеди. Но существует природная тенденция, – природная, но не духовная, – ограничивать благотворительность только теми людьми, кто этого «заслуживает». Мы много слышим о так называемых «бедных, но достойных». Но никто из нас не достоин даже малейших из Божьих благословений, и всё же Он посылает нам эти благословения постоянно. «И если делаете добро тем, которые вам делают добро, какая вам за то благодарность? ибо и грешники то же делают. И если взаймы даёте тем, от которых надеетесь получить обратно, какая вам за то благодарность? Ибо и грешники дают взаймы грешникам, чтобы получить обратно столько же. Но вы любите врагов ваших, и благотворите, и взаймы давайте, не ожидая ничего; и будет вам награда великая, и будете сынами Всевышнего; ибо Он благ и к неблагодарным и злым».

Ищите возможности

Обратите особое внимание на начало десятого текста: «Итак, доколе есть *возможность*», будем делать добро всем людям. Делать добро другим – это радостное преимущество, а не скучное и нудное бремя. Никто не говорит о неприятных вещах как о возможностях. Никто не скажет: «Я имел возможность навредить себе», или «Я имел возможность потерять определённое количество денег». Наоборот, возможностью будет называться представившийся случай для заработка определённого количества денег, или то, что помогло избежать опасности и вреда. Так и нам следует смотреть на возможность оказать помощь нуждающимся именно как на возможность. Возможности же всегда пытаются найти. Люди часто ищут возможности увеличить своё благосостояние. Апостол тоже учит нас тому, чтобы мы искали возможности кому-то помочь. Христос так и поступал.

Он «ходил повсюду, делая добро». Он путешествовал по стране пешком, ища возможности сделать кому-то добро, и Он находил эти возможности. Он делал добро, «ибо Бог был с Ним». Его назвали «Еммануилом», что значит «Бог с нами». И поскольку Иисус с нами во все дни, даже до скончания века, так и Бог всегда с нами, делая нам добро, чтобы мы также делали добро. «Мы же, как споспешники, умоляем вас, чтобы благодать Божия не тщетно была принята вами». А для этого «примите Духа Святого».

Заключительные слова

Мы подходим к завершению этого самого изумительного послания. И как всё евангелие содержится в одном только его приветствии, так мы находим его и в конце этого послания. Апостол в буквальном смысле не знал ничего кроме Иисуса Христа, и притом распятого. Он не мог даже приветствовать своих друзей, не упоминая об этом. В каждой главе этого послания, а особенно в последних двух, мы видим, какое непосредственное отношение оно имеет к нам. Все используют стихи 1-й и с 7-го по 10-й как слова, применимые к нам сейчас, даже не думая о галатах того времени. Но точно также как к нам относятся эти тексты, так же к нам относится и всё послание, как если бы галатийских братьев никогда и не существовало вовсе.

Жгучая ревность апостола Павла в написании этого послания видна в том факте, что он, вопреки своему обычаю, сам схватил перо и написал это послание своей собственной рукой (стих 11-й). Как мы выясняем из 4-й главы, апостол страдал болезнью глаз, которая сильно мешала ему в его работе, или, скажем, мешала бы ему сильно в его работе, если бы сила Божья не действовала через него. Поэтому он постоянно нуждался в ком-то, кто был бы рядом с ним для помощи ему и исполнения секретарских функций. Из 2-го Послания к Фессалоникийцам (2:2) мы узнаём, что некоторые воспользовались этим обстоятельством и написали такие письма церквям от имени Павла, которые причинили братьям проблемы; но в завершение того Послания (3:16-18) Павел показал им, как они могут отличить письмо, пришедшее от него. Независимо от того, кем написан главный текст, он писал приветствие и подпись своей рукой. Однако эти меры предосторожности были настолько необходимыми в данном случае, что он написал всё послание своей рукой.

Всего лишь видимость

Бога невозможно обмануть. Бесполезно также обманывать себя, а также других. «Господь смотрит не так, как смотрит человек; ибо человек смотрит на лице, а Господь смотрит на сердце» (1-я Царств 16:7). Обрезание, к которому «лжебратья» склоняли галатийских христиан, означало самоправедность, а не праведность через веру. Они видели в законе только «форму праведности и истины». Своими делами они могли сделать «хорошее шоу для плоти», но это было только пустым лицемерием. В нём не было никакой реальности. Они могли только казаться праведными, избегая преследований за крест Христов.

Они не соблюдали закон по-настоящему, ибо плоть противится закону Духа жизни, и «те, кто во плоти, Богу угодить не могут». Но они желали обращать людей в «свою веру», как многие сегодня называют теории, которых они придерживаются. Христос сказал: «Горе вам, книжники и фарисеи, лицемеры, что обходите море и сушу, дабы обратить хотя одного; и когда это случится, делаете его сыном геенны, вдвое худшим вас» (От Матфея 23:15). Такие учителя «хвалятся по плоти» своими «обращёнными». Когда они могут посчитать и привести конкретное количество принадлежащих «своей деноминации», которых удалось «обратить» в прошедший год, они чувствуют себя очень счастливыми. Числа и внешние признаки много значат для людей, но для Бога они не значат ничего.

Подлинная и вечная слава

«*Боже, сохрани меня от того*, чтобы я хвалился, разве только крестом Господа нашего Иисуса Христа» (Галатам 6:14, KJV). Зачем хвалиться крестом? Затем, что только крестом мир может быть распят для нас, и мы для мира. Послание заканчивается тем же, чем и началось, –

освобождением от «настоящего лукавого мира». Только крест может совершить это избавление. Крест – это символ уничижения, поэтому мы и хвалимся крестом – ведь только в смирении заключается истинное величие.

Бог явлен на кресте

Прочтите слова Господа, сказанные устами Иеремии: «Так говорит Господь: да не хвалится мудрый мудростью своею, да не хвалится сильный силою своею, да не хвалится богатый богатством своим» (Иеремия 9:23).

Почему мудрому человеку не следует хвалиться своей мудростью? Потому что, если эта мудрость его собственная – это сама глупость, да и только. «Мудрость мира сего есть безумие перед Богом». «Господь знает умствования мудрецов, что они суетны» (1-е Коринфянам 3:19, 20). Ни один человек не имеет такой мудрости, которая достойна похвалы, ибо его собственная мудрость – это всего лишь глупость, а мудрость, которую даёт Бог, приводит не к гордости, а к смирению.

Как насчёт силы? «Всякая плоть – трава» (Исаия 40:6). «Подлинно, совершенная суета – всякий человек *в своём лучшем состоянии*» (Псалтирь 38:6, KJV). «Сыны *простолюдинов* – только суета; сыны *великих мужей* – ложь; если положить их на весы, все они вместе легче пустоты». Но «сила у Бога» (Псалтирь 61:10, 12, KJV).

Что же касается богатства – оно названо «неверным» (1-е Тимофею 6:17). Человек «собирает богатство, и не знает, кому достанется оно». «Потому что оно сделает себе крылья и, как орёл, улетит к небу» (Притчи 23:5). Только во Христе можно найти неиссякаемые и вечные богатства.

Следовательно, человек не имеет ничего, чем можно было бы хвалиться, ибо что есть у человека, который не имеет ни того, что можно считать богатством, ни сколько-нибудь мудрости, ни каких-либо сил? Всё, что человек имеет, или кем является, приходит от Господа. Поэтому всякий хвалящийся должен хвалиться Господом (1-е Коринфянам 1:31).

Совместим этот текст с 14-м стихом нашей главы (Галатам 6:14). Один и тот же Дух вдохновил автора на написание их обоих, поэтому между ними нет противоречий. Один текст гласит, что нам следует хвалиться только познанием Господа; другой же говорит, что хвалиться нам нечем, кроме как крестом нашего Господа Иисуса Христа. Следовательно, вывод будет таким: на кресте мы находим познание о Боге. Знать Бога значит иметь жизнь вечную, а жизнь для человечества проистекает только от креста Христова. И мы снова видим эту ясную истину: всё, что только можно знать о Боге, открывается на кресте. Вне креста не существует познания о Боге.

Это снова напоминает нам о том, что крест виден во всём творении, ибо вечная сила Его и божество, и всё, что можно знать о Нём, через рассматривание творений видимы. Сила Божья видна в том, что было сотворено, а крест — это сила Божья (1-е Коринфянам 1:18). Бог слабость превращает в силу; Он спасает людей посредством смерти, так что даже мёртвые могут спать спокойно, не лишившись надежды. Нет такого бедняка, такого слабого и грешного человека, настолько презираемого и падшего, который не мог бы хвалиться крестом. Крест находит его там, где он есть, ибо крест — это символ стыда и деградации, и открывает силу Божью в нём, даруя основание для вечной славы.

Крест распинает

Крест отсекает нас от мира. Слава Богу! Ибо затем он соединяет нас с Богом, потому что дружба с миром есть вражда против Бога; «кто хочет быть другом миру, тот становится врагом Богу» (Иакова 4:4). Посредством креста Христос устранил эту вражду (Ефесянам 2:15, 16). «И мир проходит, и похоть его, а соблюдающий волю Божью пребывает вовек». Так пусть же мир пройдёт.

> «Пусть теряет силу, всякая земная радость,
>   Иисус — мой;
> Разорви всякие крепкие узы,
>   Иисус — мой;
> Мрачна эта пустыня;
> Земля не даёт покоя;
> Только Иисус может благословить;
>   Иисус — мой».

Крест возвышает

Иисус сказал: «Когда Я вознесён буду от земли, всех привлеку к Себе». Он сказал эти слова, давая понять, какой смертью Он умрёт, а именно: смертью крестной. Он смирил Себя до смерти, даже до смерти крестной. «Посему и Бог превознёс Его и дал Ему имя выше всякого имени» (Филиппийцам 2:8, 9). Он сперва «нисходил прежде в преисподние места земли. Нисшедший, Он же есть и восшедший превыше всех небес, дабы наполнить всё» (Ефесянам 4:9, 10). Именно через эту смерть лежал Его путь к восхождению одесную Величия на высоте. Именно крест возвысил Его от земли в небеса. Поэтому только крест даёт нам славу, и, следовательно, только крестом можно хвалиться. Крест, означающий насмешки и позор со стороны мира, возвышает нас над этим миром, и помещает нас вместе со Христом в небесные дворы. Сила, посредством которой он это делает, есть «сила, действующая в нас», и эта же сила действует во всей вселенной, поддерживая в ней жизнь.

Крест творит

«Ибо во Христе Иисусе *не имеет значения* ни обрезание, ни необрезание, *но новое творение*». Это значит, что ни обрезание, ни необрезание не имеют никакой силы. Спасение исходит не от человека, в каком бы он ни был состоянии, и что бы он ни делал. В необрезанном состоянии он является погибшим, и если он обрежется, то от этого ближе к спасению он не станет. Только крест имеет силу спасать. Единственное, что имеет хоть какую-то ценность – это новое творение, или, как предлагает нам «Пересмотренный перевод» в своих пометках (R.V.) – «сотворённый заново человек». «Кто во Христе – тот новое творение»; и только через смерть мы становимся едиными с Ним (Римлянам 6:3).

«Ничего в руках своих я не имею;
Я могу только прильнуть к подножию креста».

Крест создаёт новое творение, и мы снова видим здесь причину для того, чтобы хвалиться крестом; ибо когда новое творение вышло из рук Бога в самом начале, «при общем ликовании утренних звёзд, *и* все сыны Божии восклицали от радости» (Иов 38:7, KJV).

Знамение креста

Все тексты, прочитанные нами, показывают следующее:

1. Крест Христов – это единственное, чем можно хвалиться;

2. Всякий хвалящийся должен хвалиться только познанием Бога;

3. Бог избрал слабое и ничего не значащее в этом мире, чтобы посрамить значащее и могущественное, чтобы никто не мог хвалиться ничем и никем, кроме самого Бога;

4. Бог открывается в Своём творении, и это творение, которое являет Божью силу, также открывает и крест, потому что крест Христов – это сила Божья, и Бог открывается в познании этой силы. Что же мы имеем в итоге? Мы имеем то, что сила, которая нужна была для сотворения мира и всего, что в нём, сила, поддерживающая жизнь всего существующего, и есть та сила, которая спасает тех, кто ей доверяет. Это и есть сила креста.

Итак, только сила креста, посредством которой спасение приходит, и является силой, которая творит, и которая продолжает действовать во всём творении. Но когда Бог что-то творит, то у Него получается «хорошо весьма». Так и во Христе, от Его креста возникает «новое творение». «Ибо мы – Его творение, созданы во Христе Иисусе на добрые дела, которые Бог *заранее предназначил нам ходить в них*» (Ефесянам 2:10, R.V.). Именно на кресте это новое творение появляется, ибо сила креста есть сила, которой «вначале Бог сотворил небо и землю». И эта же сила хранит землю от полного уничтожения, от проклятия, а также совершает смену сезонов посева и жатвы. Эта же сила в конце концов обновит всё лицо земли, так что она «великолепно будет цвести и радоваться, будет торжествовать и ликовать; слава Ливана дастся ей, великолепие Кармила и Сарона; они увидят славу Господа, величие Бога нашего».

«Велики дела Господни, вожделенны для всех, любящих оные. Дело Его – слава и красота, и *праведность* Его пребывает вовек. Памятными соделал Он чудеса Свои; милостив и щедр Господь» (Псалтирь 110:2-4, KJV).

Здесь мы видим, что чудесные дела Божьи открывают Его праведность, а также Его благодать и милость. И это ещё одно доказательство того, что Его дела открывают крест Христов, на котором сконцентрировались бесконечные любовь и милость.

Но «памятными соделал Он чудеса Свои», или «Он сотворил памятник Своим чудным делам». Для чего Он велит людям помнить и возвещать о Его могущественных делах? – Чтобы они не забывали о Его спасении, а наоборот, доверялись Ему. Бог желает, чтобы люди постоянно размышляли о Его делах, и таким образом познали силу креста. Именно «дела рук Его» дают нам торжествовать (Псалтирь 91:5). Поэтому, когда Бог сотворил за шесть дней небо и землю, и всё, что в них, Он «покоился в день седьмой от всех дел Своих, которые делал. И благословил Бог седьмой день, и освятил его, ибо в оный почил от всех дел Своих, которые Бог творил и созидал» (Бытие 2:2, 3).

Крест передаёт нам знание о Боге, потому что он показывает нам Его силу как силу Творца. Посредством креста мы распинаемся для мира, и мир для нас; это значит, что посредством креста мы освящаемся. Освящение – это дело Божье, а не человеческое. Только Его божественная сила может совершить эту великую задачу. В начале Бог освятил субботу как венец Его творческой деятельности, как доказательство того, что Его работа была завершена. Он освятил субботу как печать совершенства. И поэтому Он говорит: «Дал им также субботы Мои, чтобы они были знамением между Мною и ими, чтобы знали, что Я – Господь, освящающий их» (Иезекииль 20:12).

Итак, мы видим, что суббота – седьмой день недели – является истинным знамением креста. Это памятник творения, а искупление – это и есть творение, творение посредством креста. На кресте мы видим полные и совершенные дела Божьи, и облекаемся в них. Распятие со Христом означает полное расставание со своим «я», признание того факта, что мы – ничто, и абсолютное доверие Христу. В Нём мы покоимся. В Нём мы находим истинную субботу. Крест возвращает нас обратно в начало, к тому, что «было от начала». Покой же в седьмой день недели – это всего лишь знамение того факта, что в этом совершенном деле Божьем – в кресте Христовом, который виден и в творении, мы находим покой и свободу от греха.

«Но соблюдать субботу очень неудобно; мой бизнес от этого пострадает»; «Я не смогу зарабатывать на жизнь и соблюдать субботу»; «Это очень непопулярно». Да, да; ещё никто никогда не сказал, что быть распятым очень приятно. И даже Христос «не Себе угождал». Прочтите 53-ю главу книги Исаии. Христос тоже был не очень-то популярным, а особенно в тот момент, когда Он был распят. Крест означает смерть; но он также и означает начало жизни. Раны Христовы несут нам исцеление; Его проклятие для нас – это благословение; Его смерть, которую Он принял – жизнь для нас. Кто может сказать, что доверяет Христу свою вечную жизнь, если он не осмеливается доверить Ему всего лишь несколько мимолётных лет, месяцев и дней своей жизни в этом мире? Примите субботу Господню, и вы обнаружите, что она близка ко кресту в такой степени, которую вы себе даже не представляли ранее, и поэтому несёт «гораздо более величественную и вечную славу».

А теперь скажите ещё раз, и скажите всем своим существом: «А я не желаю хвалиться, разве только крестом Господа нашего Иисуса Христа, которым для меня мир распят, и я для мира». Если вы скажете это искренне, вы обнаружите свои проблемы и испытания настолько лёгкими, что вы будете ими хвалиться.

«Аллилуйя! Чудный Спаситель!»

Слава

Именно посредством креста «всё стоит» и поддерживается, ибо «в Нём (во Христе) всё стоит», а Христос существует ни в каком другом виде, кроме как в виде «Распятого Христа». Если бы не крест, смерть постигла бы всю вселенную. Ни один человек не мог бы дышать, ни одно растение не могло бы расти, и ни один луч света – сиять с небес, если бы не крест. «Небеса проповедуют славу Божью, и о делах рук Его вещает твердь» (Псалтирь 18:2). Это всего лишь некоторые из творений Божьих. Ни одно перо не может описать, ни одна кисть художника не может отобразить изумительную славу небес; и, тем не менее, эта слава представляет собой ничто иное, как славу креста Христова. Это следует из фактов, с которыми мы уже ознакомились: сила Божья видна в творении, и силой Божьей является крест Христов. Слава Божья – это Его сила, ибо «безмерное величие могущества Его в нас» явлено в воскресении Иисуса Христа из мёртвых (Ефесянам 1:19, 20), и «Христос воскрес из мёртвых славою Отца» (Римлянам 6:4). И именно за «претерпение смерти» Иисус был «увенчан славою и честью» (Евреям 2:9). Поэтому, как мы видим, вся слава бесчисленных звёзд с их разнообразной окраской, вся слава радуги, слава облаков, позолоченных заходящим солнцем, слава моря, слава цветущих полей и зелёных лугов, слава весны, слава богатой жатвы, слава открывающейся почки и слава совершенного фруктового плода, и даже вся слава, которую Христос имел в небесах, вместе со всей славой, которая будет открыта в Его святых, когда они «воссияют как солнце в царстве Отца их», «как звёзды, вовеки, навсегда» – всё это слава креста. А как можно подумать о том, чтобы хвалиться чем-то ещё?

Израиль Божий

«Тем, которые поступают по сему правилу, мир им и милость, и Израилю Божию». Закон славы! Главное правило для соблюдения! Разве здесь о двух классах людей сказано? Нет; такого быть не может, ибо всё послание было посвящено истине о том, что все едины во Христе Иисусе. «И вы имеете полноту в Нём, Который есть глава всякого начальства и власти. В Нём вы и обрезаны обрезанием нерукотворённым, совлечением греховного тела плоти, обрезанием Христовым; быв погребены с Ним в крещении, в Нём вы и совоскресли верою в силу Бога, Который воскресил Его из мёртвых, и вас, которые были мертвы во грехах и в необрезании плоти вашей, оживил вместе с Ним, простив *вам* все грехи» (Колоссянам 2:10-13, KJV). «Обрезание – *это* мы, служащие Богу *в Духе* и хвалящиеся Христом Иисусом, *и нисколько не надеющиеся на плоть*» (Филиппийцам 3:3, KJV). Это обрезание делает нас всех истинным Израилем Божьим, ибо от него победа над грехом, а имя Израиль означает «победитель». Мы уже не «отчуждены от общества Израильского», «уже не чужие и не пришельцы, но сограждане святым и свои Богу, быв утверждены на основании апостолов и пророков, имея Самого Иисуса Христа краеугольным камнем» (Ефесянам 2:12, 19, 20). Поэтому мы можем радоваться со всеми теми, которые «придут с востока и запада и возлягут с Авраамом, Исааком и Иаковом в Царстве Небесном».

Знаки Христа

«*С этих пор* никто не отягощай меня, ибо я ношу *знаки* Господа Иисуса на теле моём» (Галатам 6:17, KJV). Греческое слово, переведённое как «знаки» – это множественная форма слова «стигма», которое мы внедрили в наш язык. Оно означает позор и поношение. В старину оно означало знак, который ставился на тело осуждённого, или на тело сбежавшего раба, чтобы показать, кому он принадлежит. Таковы знаки креста Христова. Эти знаки креста Христова были на Павле. Он был сораспят со Христом, и тоже носил следы этого распятия. Эти следы клеймили его тело. Они выделяли его как раба, раба Господа Иисуса. Поэтому пусть никто не отягощает его; он не был слугой людей. Он был подвластен одному только Христу, Который выкупил его. Пусть никто даже не думает склонить его к служению людям или человеческой плоти, потому что Иисус поставил на нём Свой знак, и апостол не может служить никому другому. Более того, пусть каждый увидит то, как они отнимали его свободу во Христе ранее, и как они с ним обращались, ибо его

Господин несомненно защитит Свою собственность. Имеете ли вы такие знаки? Если да, то вы можете ими хвалиться, ибо такая похвальба не тщетна, и не сделает вас тщеславными.

О, какой славой сияет крест Христов! Вся слава небес сосредоточена в этом презираемом всеми куске дерева. Речь идёт не о фигуре креста, а о самом кресте. Мир не видит его славу, как он не распознал и самого Сына Божьего, и не знает Святого Духа, потому что он просто не может увидеть Его. Пусть Бог откроет наши глаза, чтобы увидеть эту славу, чтоб мы могли относиться ко всем вещам на основании их истинной ценности. Дадим же своё согласие на то, чтобы быть распятыми со Христом, чтобы Его крест мог прославить и нас. Крест Христов несёт спасение. В нём есть сила Божья, способная сохранить нас от падения, ибо она возвышает нас, поднимая с земли к небесам. На кресте рождается «новое творение», которое сам Бог называет «хорошим весьма». В нём сокрыта вся слава Отца, и вся слава бесконечных веков. Поэтому да запретит нам Бог хвалиться чем-либо, кроме как крестом нашего Господа Иисуса Христа, которым для нас мир распят, и мы для мира.

> «Я хвалюсь только крестом Христовым,
>   Возвышающимся над руинами времени;
> Весь свет священной истории
>   Собирается над его величественным силуэтом».

Поэтому:

> «Так как я, погибший и потерянный,
>   Имею прощение Его именем и Его Словом;
> Да не буду я хвалиться,
>   Кроме как крестом Христовым».

> «Где бы я ни был, я везде буду рассказывать
>   О кресте, о кресте;
> Ничем другим моя душа не будет хвалиться,
>   Кроме как крестом.
> Это будет моей постоянной темой,
>   Всё время, и в вечности:
> Иисус, принявший мою смерть
>   На кресте, на кресте».

www.ingramcontent.com/pod-product-compliance
Lightning Source LLC
Chambersburg PA
CBHW060354080526
44583CB00012B/309